ろけっとぽっぽー＆ホッホー博士と学ぶ

ミクロ経済学入門

「市場」って何だろう？

竹内 健蔵 著

有斐閣

CHAPTER Ⅷ　市場メカニズムって万能なの？──143

登場キャラクターの紹介

ぽっぽーさん

正式の名前は「ろけっとぽっぽー」。有斐閣の公式キャラクター。おっちょこちょいではしゃいだりするが，根は素直で正直。「ろけっとぽっぽー」の名前が長すぎると，ホッホーさんから略して「ぽっぽー」と呼ばれるが，「ぽっぽー」は「六法」に通じると勝手に考えて，本人はまんざらでもなさそう。

ホッホーさん

法学についての学識が豊富で勉強好き。法学の分野では「ホッホー博士」と呼ばれているが，今回はまったく知らない経済学の世界に入るので「博士」の名前を返上するという謙虚なところも。フクロウだけに夜型。今回は朝型になるため必死で睡眠調整したらしい。

タケウチ先生

女子大の先生。専門は交通経済学，公共経済学などの応用経済学。そのため「私がミクロ経済学の基礎理論を語るなんてとてもとても……」と謙遜するくせに，しっかりと自分の本の宣伝はする。奥さんからは「一番『合理的な経済人』にほど遠い人間」と言われている。

PROLOGUE

ろけっとぽっぽーとホッホー博士の会話を聞いてみた

ねえ，ホッホー博士。最近なんだか忙しすぎると思わない？

そうだね，いろんな本に出てなんだかんだとお仕事が多くなったよね。有斐閣のサイトにも出っぱなしだしね。

そうそう。学問の案内もするし，お茶くみもするし，ヒト使い，いや，トリ使い荒いよね。

君は有斐閣のサイトのなかじゃポンポン振って踊っていたりもするもんね。

有斐閣って法学だけじゃなくて，経済学や心理学，社会学，教育学なんて分野も扱っているから，これからますますお仕事が増えそうだよ。

さすがにこの出版不況だし，競争も激しいから有斐閣もいろんな分野を取り込んで経営の多角化をやっていかないとね。のんびり構えていられないってことかな。

えっ？　有斐閣潰れるの？　早く転職先見つけなきゃ。

いやいや，そんなことないけど。でも，その格好じゃ，他の出版社には雇ってもらえないだろうね。なんでそんな格好してるの？

有斐閣の社員さんがね，売上ナンバーワンの本『ポケット六法』を言い間違えて「ろけっとぽっぽー」と言っちゃってね，それでロケットとトリが組み合わさったデザインにされちゃったわけ。なんか安直すぎない？

有斐閣もお茶目な社員がいるもんだね。っていうか，やっぱり慌て者かな？　で，そのロケットは飛ぶの？

本当のロケットで空に飛んでいったら，頭がヤケドしちゃうじゃないか。

そうだね，それで焼き鳥になっちゃったら大変だもんね。ハハハ。

ひどいこと言うなー。ま，それでね，ちょっと君たち最近働かせすぎだからって，社長のエグサさんがお休みをくれるらしい。

ほんと？　私たちトリ族にも労働基準法を適用してくださるとは感謝だね。

でも，単にグータラはさせてくれずに，お勉強もちゃんとしなきゃいけないようだよ。

あ，それは大学で言う「サバティカル」ってやつだな。訳すと「研究休暇」だ。業界の競争も激しいのに，やさしいエグサ

さんだよね。

競争と言えば，さっき見た経済ニュースで「公正な競争を阻害するとして独占禁止法に基づき」とかなんとかって言ってたなぁ。ボクたちほとんど法律関係の仕事ばっかりだったから，経済ニュースのなかで独占禁止法なんて聞くとなんか妙だな。

法律と経済学は切っても切れない関係なんだそうだよ。なにしろ「法と経済学」っていう分野もあるそうだ。経済学で証明されたことに基づいて法律が分析されることもあるし，さっきの独占禁止法だって，ちゃんとした経済学の裏打ちがあるらしいよ。なんか経済学って気になる。

ジャジャーン。そう来ると思ってました。それで，エグサさんには経済学を勉強したいってお願いしておいたんだよ。実はボクは一度だけ経済学の本に出たことがあるんだよね。でもそのときはいきなりの出番だったから，経済学がどんなものかさっぱりわからなくってね。それでお願いしておいたんだ。

それなのに，あの本のなかじゃあんなにエラそうな先生の格好してたの？

お仕事だから仕方ないじゃない。でもなんかすっきりしないから，経済学というものがどんな学問なのか知りたいと前から思っていたんだよ。

あれこれ言われている経済学だけど，そもそも経済学って基本的にどんなものなのか私たちは全然知らないよね。いろんな

学問を知らないと，「ホッホー博士」だなんてエラそうに学問を語れないもんね。

ホッホー博士の「博士」の学位はどの大学で取得したの？

えーっと，それはぁ……。

なにモゴモゴ言ってるの？　あ，わかった！　アニメなんかに出てくる頭のいい子どもキャラを「ものしりハカセ」なんて言うけど，その「博士」なんだね。

その言い方なんか気分悪いなー。法律には自信があるけれど，経済学はまったくの素人だから今回は「博士」の名前は潔く返上するよ。

じゃ，「ホッホー博士」じゃなくて「ホッホーさん」と呼んでいいよね。

君の「ろけっとぽっぽー」も長すぎて呼びにくいな。略して「ぽっぽー」でいいよね？

あ，いいねーそれ。「ぽっぽー」は「六法」に通じる，なんてね。

それで，エグサさんはどんな先生を紹介してくれたのかな？

女子大の先生だって。なんかそれだけでワクワクしちゃうな！

君の力点はそこですか。

いやいや，勉学の意欲に燃えてるよー。なにしろ，経済学だから。

そうだね，経済学と聞くと，そのイメージは数学，グラフかな？　ときどき編集部で見かける経済学の本のなかに，ややこしそうなグラフや難しそうな数式が載っていたりするよ。本当に見た目通りに難しいのかな。

ボクはお金のことを勉強する学問だって聞いたことがあるな。経済学を勉強して，それでがっぽり稼いで有斐閣ともおさらばだね。それに経済学部卒は就職に有利なんて聞いたことがあるけれど，経済学って就職したら会社で使うのかな？　だったらボクの再就職も安泰だ。

さあ，それはどうかな。勝手なイメージだからね。これから本当の経済学の姿がわかるんだよね。

それでね，経済学といっても範囲がとても広いから，今回はそのうちのミクロ経済学というのを勉強するそうだよ。大学の経済学部では，1年生は誰でもまずミクロ経済学とマクロ経済学というものを学ぶらしい。必修科目になっていることが多いそうだから，経済学の基本中の基本なんだろうね。

なんでも，人間や企業の行動を中心に分析する分野の経済学って聞いたことがあるな。

ミクロ経済学を教えてくれるっていう人は，趣味でロクロを回しているザクロが好きなホクロの多い真っ黒に日焼けした人かな？

オヤジギャグはそれくらいにしといて。

どんな先生が気になるなぁ。なんかゼミでも卒業論文の口述試験でも，あれこれと学生にツッコミを入れることが多いらしいという話だよ。そうだとしたら大変だ。鋭いツッコミに耐えねば。

卒業論文書いてないから，大丈夫じゃない？

CHAPTER I

ミクロ経済学って何だろう？

経済学でお金儲け？

ぽっぽー，ホッホー，こんにちは。これからお相手させてもらいますタケウチといいます。

初めまして。

こんにちは。

それにしても，ここは美しいキャンパスと建物ですね。

こんなキャンパスだと勉強がのびのびできるでしょう。TVドラマや映画のロケにも使われるし，文化財になっている建物も多いんですよ。

ほんとうに。勉学意欲が湧いてきます！

ボクなんか，こんなに緑の芝生と木々が茂っていると，思いっきり飛び回って野生に戻っちゃいそう。

いやいや，しっかり勉強してくださいね。

ところで先生って結構イケメンですね。それに若々しいし。若い頃は相当モテてたんじゃないですか。

そうですか。もう娘は大学生だし，結婚した後より結婚する前のほうが老けていた，と周りからは言われるんですよ。

（小声で）なんで，いきなりそんなに見え透いたヨイショするの？

（小声で）だって経済学って難しそうだから，先生をチヤホヤしておだてたら甘く解説してくれるかなって思って。

なにをヒソヒソと話しているんですか。

あの，早速ですが先生。小社の編集部なんかでときどき経済学の本を見かけることがあるのですが，なにやら難しい数式や何本も線の引いてあるグラフがいっぱいあるようですね。経済学ってどんな学問なんですか。

ボク知ってます！　何日か前に「○○の経済学」って本の広告があって，「この本を読めばあなたも明日からお金持ち！」って書いてありました。お金儲けできるんですよね，先生。

そうでしょうか。私の姿を見てごらん。

あ……ビ，ビンボ臭い。顔までビンボ臭い。

コラッ！　さっきまでイケメンなんていってたくせにっ。

顔まで貧乏かどうかわからないけれど，私の着ている服も持ち物も一流ブランドではないし，ここに来たのも運転手付きの高級車でじゃなくて歩いてだよ。経済学がお金儲けの学問なら，私は今頃南国の楽園でバカンスを楽しんでいるだろうね。

でも，経済学はお金のことを研究するんですよね。

いや，それもあんまり正確じゃないと思うよ。確かにお金は経済のなかを流れる血液のようなもので，それはそれで重要な研究対象だけれど，とくにこれから勉強する分野ではむしろお金は脇役にすぎないよ。

それじゃ，商品を売る方法かな？　だって，別の「△△の経済学」の本の広告には「これでモノがどんどん売れる！」と書いてあったよ。

商品を売る方法を身につけたりお金儲けをするときには，自分だけ商品が売れたり，お金が儲かれば他の人はどうでもいいよね。でも経済学では社会全体の幸せを考えるんだ。

どうやってですか。

たとえば世界では大量の食べ残しを捨てている地域がある一方で，飢えで苦しんでいる人たちがいる地域もあるよね。もし食べ物が地球上でうまく配分されたら，同じ食べ物の量で世界がより幸せになれるはずだよね。

なるほど。

だから，お金儲けと経済学はあまり関係がないし，場合によっては，経済学はお金儲けとは反対のことを主張することもあるんだ。少なくともここでは，「経済学＝お金」という考え方はひとまず捨ててほしいな。

な～んだ，ちょっと期待していたのに残念だな。経済学を学んだら大金持ちになれると思ったのに。

マクロ経済学とミクロ経済学の違い

ところで，経済学には**マクロ経済学**と**ミクロ経済学**というのがあって，今回はミクロ経済学を勉強すると聞いていますが，そもそもマクロ経済学とミクロ経済学の違いって，なんですか。

そうだね。簡単に言うと，マクロ経済学は「望遠鏡で見る経済学」で，ミクロ経済学は「顕微鏡で見る経済学」かな。

な～んだ，経済学って理科なんだ。

いやいや，もののたとえだよ。望遠鏡っていうのは，遠くからあるものの姿を見渡すために使うよね。同じようにマクロ経済学も全体の経済の動きを分析対象とするんだ。だから，よく使われる言葉には，GDP，失業，インフレ，景気変動などがある。どれも経済全体をながめるときに使われる言葉だよね。一方，顕微鏡って，あるもののなかの小さくて細かな部分を見るために使うよね。ミクロ経済学も経済のなかの1つ1つの小さな動きを分析する。だから，よく使われる言葉には，価格，

企業，消費者，市場などがあるんだ。つまり経済を構成している個々の経済主体の行動を分析するわけだ。

早速アタマが痛くなってきたぞ。

そうかな？　意外に単純だよ。お買い物をするときには，商品の値段が変わったら買う数や量を変えたり，別の商品を買うようになったりするよね。そうした行動を経済学者は観察して分析するというわけだ。商品を作って売る側も同じことで，値段に応じて生産量を変えたりするよね。こうした生産者の行動を経済学者は観察して分析する。だから，ミクロ経済学は人間行動を分析するという点で，意外と心理学と仲がいいんだよ。最近人気の行動経済学はそんな分野だ。

なんだか，私たちの行動が見透かされそうですね。

ミクロ経済学をしっかりと学ぶと，消費者や企業の行動が手にとるようにわかって面白くなるよ。

マクロ経済学とミクロ経済学の違いはわかりましたが，ミクロ経済学を勉強することでどんなことがわかるのでしょうか。そして，これからなにが始まるのでしょうか。

そうそう，ミクロ経済学っておいしいの？

食べ物じゃないけれど，別の意味でおいしいかもしれないね。

ワクワクしますねー。

経済問題はどうして起こるの？

実はそのことに関連するんだけど、「経済問題」ってなぜ起こるんだろうか。

これはワクワクしないな。

あまりにも話が大きすぎて、わからないですね。

まずどんな経済問題があるか考えてみよう。身近なことでいいんだ。普段生活していて困ったこと、腹立たしいこと、不幸だなーと思うことなんかで、思い当たることはないかな？

社員さんがよく言っていることなんだけど、お給料がもっと増えたらいいのに欲しいものが買えなくて困っているとか、通勤のときに満員電車に揺られて辛いなー、なんてことを聞いたことがあるよ。

そういうことならあります。ニュースで就職活動が過熱して希望の企業に入れない学生が大変だとか、逆に少子高齢化で労働者の数が足りなくて企業が困っている、とかいうのも問題ですよね。

いま取り上げてくれたいろいろな困ったことは、どれも数多くある経済問題のなかのいくつかだよね。さて、これらの問題に共通していることはなんだろうか。

そんなこと、考えたこともないなぁ。社員さんがお給料をいくらもらっているかも知らないし。

お給料の場合，どんなにたくさんお給料をもらっている人でも，お給料をもっと上げてほしいと不満を持っている。それは買いたいものがたくさんあるからなんだろうね。欲しいものはいくらでもあるのに，お給料の額はかぎられているから，それが不幸の始まりだ。でも欲しいものが手に入ったとして，それで満足だろうか。

満足する，ということがあるでしょうか。欲しいものが手に入ったら，また別のものが欲しくなるんじゃ？

わかるわかる。欲望はかぎりないもんね。

その通り。人間というのは欲深い存在で，欲しいものが手に入ったら，次は別のものが欲しくなる。少しだけしか手に入らなかったら，もっと多くを欲しくなり，それが手に入ったら，もっともっと多くを欲しくなる。つまり，人間の欲望にはかぎりがない，無限だといえる。

いや多分，人間以外の動物だってそうだと思うよ。

ところがお給料はかぎられていて，月々同じ金額しかもらえない。つまり，欲望は無限で，使えるお金は有限だ。だから不幸なんじゃないかな。

そうですね。お給料が少し増えたとしても，また欲しいものが出てくるから間に合いませんよね。

そのように考えていくと，他の問題はどうだろう。満員電車の問題は，座席に座ってゆったり通勤したい人はたくさんいる

のに，座席の数は有限だ。だから座れなくて辛いんじゃないか
な。就職活動では，希望の就職先の内定をゲットしたい学生は
たくさんいるのに，募集人数は有限だ。だから就職活動は過熱
する。逆に労働力不足の問題は，働いてほしい企業はいくらで
もあるのに，働いてくれる人の数は有限だ。みんな，このよう
に同じ原因を持っているんじゃないだろうか。

そうか。最近，人気マンションの抽選に外れて落ち込んでい
た人がいたけど，それもマンションの最上階東南角部屋は1つ
だけなのに入居したい人はたくさんいるから不幸な人が出てく
るわけだし，コーヒーショップやカフェの行列にうんざりする
のも，コーヒーマシーンやらスタッフの数がかぎられていて，
利用したい人がたくさんいるから苦情が出てくるんだよね。

その通り。つまり経済問題の根本は，資源が有限なのに対し
て，人間の欲望が無限であるところに存在すると言っていい。

資源ってなんですか。

そうそう，大切な言葉の説明を忘れていたね。経済学では
「**資源**」という言葉をよく使うんだ。「資源」というと，原油と
か鉄鉱石とか天然資源を思い浮かべるかもしれないけれど，経
済学ではもっと広く資源をとらえる。まず商品はもちろん資源
だし，電車の座席も資源だ。それに売り買いするものだけが資
源じゃないよ。たとえば時間も資源だし，太陽光発電に使われ
る太陽エネルギーも資源だし，環境にとって大切な空気や湧き

■ 図 I −1 「資源」って何だろう？

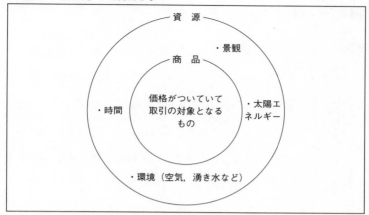

水，そして景観も資源だ。これらはどれも売り買いされていな
いけれど，経済学では資源と考える。まとめてみると図 I −1
のようになるかな。

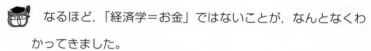 なるほど，「経済学＝お金」ではないことが，なんとなくわ
かってきました。

でも，「資源」なんていっても，実感が湧かないな。

それなら無理に「資源」という言葉を使わなくてもいいよ。
わかりやすくするために「商品」という言葉もこれから使うと
しよう。しかし忘れてはいけないのは，ミクロ経済学では資源
を「商品」だけでなく，もっと大きな意味でとらえているとい
うことだ。

覚えておきます！

資源の分け方

人間の欲望，いやハトやフクロウの欲望もそうかもしれない
けれど，欲望は無限だからすべての人々の欲望を 100% 満たす
ことは不可能だ。でも，いま人間が持っている利用可能な資源
をいまよりももっとうまくやりくりすると，少なくともいまの
人たちの不幸を少しでも改善させて，社会全体をより幸せにす
ることは可能だろうね。

そういえば，さっき話に出た，「大量の食べ残しを捨ててい
る地域がある一方で，飢えで苦しんでいる人たちがいる地域」
の問題なんか，食糧という資源をうまく配分してやれば，同じ
資源の量で飢えや貧困の問題はかなり改善するよね。

そうなんだ。そこにミクロ経済学の問題意識というか目的が
ある。かぎられた資源をできるだけ上手に人々の間に配分して
社会全体の幸せを大きくすること，これがミクロ経済学の大き
な目的の１つであるといっていい。ミクロ経済学では，これを
「**資源配分**」の問題と呼んでいる。多くの人がいろいろな経済
問題で苦しんでいるのは，おそらくいまの資源配分が間違って
いるからなんだろうね。よく経済学と言うと，需要曲線や供給
曲線のことだと思ってしまうことがあるけれど，極端に言えば，
これらは資源配分を最適にするという大きな目的のために使わ
れる手段にしかすぎないんだよ。

でもちょっと待ってくださいよ。実際に人々が生活している以上，なんだかんだいまも資源配分はされているのですよね。それって，どういう方法で配分されているのでしょうか。

いろいろな方法を使って，現在のような資源配分がなされているよ。たとえば実際に，どんな資源配分の方法が使われているかな。

そうだなー。野生の世界では「力」かな。公園で人間が撒いたパンを仲間たちが必死で奪い合ってる。

確かに「力づく」や「暴力」も資源配分の方法と言えなくもない。典型的なのは戦争だろう。でもこれは文明社会では反則だ。実際に認められている方法にはなにがあるだろう。

「早い者勝ち」じゃないでしょうか。人気商品の売り出し開始日にできる行列では最初に並んだ人から品切れになるまでの人がその商品を手に入れることができるし，帰省ラッシュ時の新幹線自由席は行列で早く並んだ人から座席を手に入れることができます。

じゃあ，さっきのマンションの資源配分の方法は抽選だよね。大学入試で希望大学への入学は成績順になるよ。電車の優先席はたとえば年齢順かな。

いろいろ出てきたね。早い者勝ちつまり行列，抽選，成績順などなど，どれも社会が認めている資源配分の方法だ。でも，もう1つ大切な資源配分の方法を忘れていないかい？

えっ，なんでしょうね。

そうか，恋の季節に異性を争うときは力だけじゃなくて「イケメン」順かな？

イケメンは人によって，いやハトによって好みが違うから，そうとは言えないね。私の妻なんか「蓼食う虫も好き好き」のいい例じゃないかな。たとえば，この本を手に取って読む人がいる一方で，この本を読まない人もいる。その区別はどこにあるだろうか。

それは先生の本が面白いかどうか，読む価値があるかどうかということで分かれるでしょう。

そういうことだ。面白そうだと思う人はこの本を買ってくれるし，つまらないと思えば買わない。

本を買った人は読むし，買わない人は読まない……。えーと，なにが違うんだろう？

買う，買わないはなんで決まるのかな。

あっ，本の値段ですね。

そういうことになるね。経済学の世界では「値段」という言葉よりも，「**価格**」という言葉を使うから，これからは「価格」と呼ぶことにするね。別にこの本にかぎったわけじゃないけれど，ある商品に対して価格以上の価値があると思った人は，その価格の支払いをしてそれを手に入れるし，価格ほどの価値があると思わない人は支払いをせずにそれを手に入れない。つま

り価格の高い低いで，資源を手に入れる人と入れない人が出て
くるというわけだ。

つまり，価格が資源配分の方法だと……。

ミクロ経済学ではこれを「**支払意思**」と呼んでいる。ある価
格以上に支払意思のある人がその商品（資源）を手に入れ，そ
の価格ほどの支払意思がない人は資源を手に入れない。だから
価格を変えることで人々の行動が変わり，資源配分の状況が違
ってくる。さっきもう１つと言った資源配分の方法が，この
「支払意思」という方法だよ。

早い者勝ちは自分で早く行列に並ぼうとすればできるし，成
績順も自分が努力をすれば順位を上げられるよね。でも価格は
自分で決められないよね。

いいところに気がつきました。価格を決めるのは自分ではな
くて，市場ということになる。すべてではないにしても，市場
で価格が決まることが結構ある。市場によって決められた価格
で，売り手も買い手もその行動を変える。このように市場の働
きに注目すると，これは「**市場メカニズム**」と呼ばれることに
なる。この言葉，聞いたことがあるかな？

「市場メカニズム」か，そういえばなんだか聞いたことがあ
るような……。

支払意思，つまり市場メカニズムが資源配分の１つの方法だ
ということはわかりました。でもこんなにいろいろある資源配

分の方法のうち，どの方法が一番いいのでしょうか。

経済学者の注目点もそこにある。一体どの資源配分の方法が社会全体の幸せをより大きくすることができるだろうか。それを経済学者はあれこれ考えた。そして，多くの経済学者は市場メカニズムを活用することで社会全体の幸せを大きくすることができるという結論に至ったんだ。

なんだか難しそうだね。ちょくちょく目にしてきた難しげな数式やグラフがいっぱい出てきそうだ。ブルブル。

「平和の象徴」がそんなに震えるもんじゃないよ。グラフも出てくるけれど，数学は足し算，引き算，かけ算だけだ。「食わず嫌い」を言うのなら止めてもいいんだよ。

やだー，またこのまま会社に戻るのはイヤだよー。先生は本当に人が悪いね。

人が悪いから大学の先生をしています。

それじゃ，これから私たちは市場メカニズムを勉強することになるのですか。

そう。ミクロ経済学がどのようなものかを学んでいきながら，市場メカニズムが人々の幸せを大きくすることを，そしてなぜ経済学者が市場メカニズムを資源配分の方法としてお薦めするのかということを解き明かしていくことにしよう。

CHAPTER Ⅱ

幸せになりたい！
——消費者の目的

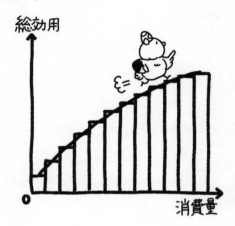

総効用

0

消費量

人間を分類しよう

社会全体の幸せを最大にすることが経済学の目的といっても，社会にはそれぞれいろんな人がいるでしょ？　その人たちの幸せを大きくするなんて，なんだか話が大きすぎて想像できないし，大変じゃないかなー。

確かにそうだよね。1人1人に幸せの状況を聞いて回ることもできないしね。こういうときは学問の王道として，分類するという作業をすることにしよう。人間を2つの種類に分けると

すれば，どのように分けることができるだろうか。

たとえば男性と女性でしょうね，それから大人と子どもかな？

豆が好きな人とパンが好きな人！

そりゃハト族だけの話でしょ。

確かにいろいろ分け方はあるよね。経済学では人間を次の2種類に分けて考えるんだ。それはモノを使って幸せを得る人と，モノ作って利益を得る人だ。モノを使って幸せを得る人たちを**「消費者」**と呼び，モノを作って利益を得る人たちを**「生産者」**と呼ぶ。生産者は企業と言い換えてもいいよ。

でも，モノを使って幸せを得る人が仕事でモノを作っていることがあるよ。

そうだね。だからたとえば「ハト族とフクロウ族」のように完璧に分かれているわけではなくて，人間は消費者であると同時に生産者でもあるわけだ。たとえば製造業の社長さんはモノを作って利益を得ようとする生産者だけれど，仕事が終わってビールを一杯やっているときは，ビールの消費者になっている。だから，その場その場で消費者になったり生産者になったりしていることを忘れてはいけないよ。

それは人間だけですか。

企業だってそうだよ。原材料を仕入れるときは，その企業は原材料の消費者となっている。もっとも，このときは「幸せを

得るため」というよりも「利潤を得るため」というほうが正しい表現だろうけどね。でも，利潤を得ることが企業にとっての幸せと考えてもいいだろう。あ，そうそう，経済学では「利益」というよりも**「利潤」**というほうが一般的なので，今後は「利潤」という言葉に統一させてもらうよ。

　「モノを作る」ってさっきから言っているけど，モノを作らない人も利益を，あっ違った，利潤を得ようとしているんじゃないかな。たとえば美容師さんはモノを作っていないし，ボクの好きなアイドル・グループも歌ったり踊ったりするけれどモノを作っていない。

　モノというのは別に目に見えたり触れたりする物体だけを表しているわけではないんだ。専門的な言葉で言えば，人々に幸せを与えてくれるもののうち，形があって触れることができるものを**「財」**と呼び，人々に幸せを与えるけれど形がなくて触れられないものを**「サービス」**と呼ぶ。「サービス」にはこのほかに，交通サービス，医療サービス，教育サービスなどがある。

　そうかー。果物屋さんで買い物したときに「たくさん買ったからミカン１個サービスしてもらっちゃった」っていう「サービス」とは違うんだなぁ。

　だからここで言う「モノ」には，財もサービスも含まれていると考えてほしい。でも，「財」も「サービス」も耳慣れない

言葉だから使うとかえってわかりにくいかもしれないね。だっ
たら，さっきみたいに「商品」と考えて構わないよ。

で，社会を構成する２つのグループに消費者と生産者がいる
として，これからそれをどうするんですか。

ぽっぽーやホッホーが思っているように社会全体の幸せを考
えるなんて大きすぎる話だから，これを２つに分けて順番に考
えていこうというわけなんだ。まずは消費者の行動分析をして
いくことにしよう。

「行動分析」？　なんだかカッコいいなー。

なにを考えて生きてるの？

ところで，ぽっぽー，君はどのように考えて生きているんだ
い？

えっ？

ヒエッ？

先生，なんてこと言い出すんですか。ここは哲学の話をする
ところではありませんよ。

そうだそうだ。そんな難しいことわかんないよう。

ゴメンゴメン。ちょっと突然すぎたね。でも答えは意外に単
純だよ。いつもみんな幸せになりたいって思って行動している
んじゃないかな。たとえば，ぽっぽーは同じ価格でパスタとカ
レーが食べられるとしたら，どっちを選ぶ？

うーん，本当は豆が好きなんだけど，ハトが言葉をしゃべっ
て経済学を学んでいるだけでも十分ヘンだから，パスタやカレ
ーを食べても悪くないよね。パスタが好きかな。

そのときのぽっぽーの心理を考えると，パスタを選んだのは
君がパスタを食べたときの幸せがカレーを食べたときの幸せよ
りも大きいからパスタを選んだんでしょ。ホッホーは居眠りし
ていてもよかったのに，ここに話を聞きに来たのは，居眠りす
るよりも外に出るほうが楽しそうだからここに来たんじゃない
のかい。

確かに居眠りするよりも，いろんな話を聞けるほうが幸せが
大きいですね。

そんなふうに，人間はいつも自分が幸せになりたいって，幸
せを最大にしたいと思って行動していると考えることができる。

なるほど。そういえば自分もいつもそう考えて動いているな。
わざわざ不幸になりたいなんて思って行動しないもんね。

ミクロ経済学の専門用語では，幸せや幸福を「**効用**」と呼ん
でいる。だから，「消費者は自己の効用を最大にするように行
動する」というように考えるのが消費者行動分析の大前提なん
だ。難しそうに言っているけれど，当たり前の話だよね。

確かに，今朝起きてからいままでの自分の行動を振り返って
みると，私もそのように行動していますね。それで，ミクロ経
済学ってその幸せをどのように扱うんでしょうか。

それを知るためには，人間の幸せというものにはどういう性質があるのか，そしてそれがどのように変化するのかということをまず理解しておく必要がある。もっと生々しい言葉を使うとすれば，人間の欲望はどのようにして満たされるのか，ということだ。

わっ，ナマナマしいの大好き。「欲望」って言葉，好きだなー。

幸せの増え方

きれいな言葉の好きな人は幸せ増加のパターン，生々しい表現の好きな人は欲望充足のパターンと名づけることにして，このパターンをこれから考えてみよう。うーんと，どんな例がいいかな……。ぽっぽーは食パンは好きかい？

豆が一番好きだけど，食パンも大好きだよ。あのふわふわした食感と香ばしい香りがたまらないなぁ。でもパンくずじゃ嫌だよ。

よかった，じゃあ，ぽっぽーには食パンを食べてもらうことにしよう。

えっ，本当？

ゴメン。ウソだ。食べる状況を想像してほしいんだ。

残念だったねー。

それとぽっぽーは胃袋が小さいから，食パンをいきなり一度

に何斤も食べることはできないよね。だから1年間で食べるパンの量で考えてほしい。さてと，1年間で1斤しか食べられないとしたら，ぽっぽーはその食パンにどれくらい幸せを感じるかな。

えーっと……。

先生，どれくらい幸せを感じるかな，って聞かれてもそんな幸せの気持ちなんて言葉で表現できないですよ。

そうだそうだ。目の前にパンがあるわけじゃないからもっと表現できないよ。

それじゃ，1年間で1斤だけ食べられるとしたら，いくら払っても惜しくないかな？

あ，それならわかります。1年間で1斤だったら，あとは豆ばかりの生活かぁ。いくら豆が好きでも飽きちゃうだろうな。そうしたら1年に1斤だけの食パンなんてものすごく貴重だから，価値は大きいよな。うーんと，うーん，うーん。

本当に食べられるわけじゃないのにかなり時間がかかりそうだね。じゃ，私が仮の数字を出しておこう。いま1斤目のパンで得られるぽっぽーの幸せは1400円払っても惜しくないほどの幸せだとしよう。だから1斤目のパンの価値は1400円分ということになる。これは先ほど出てきた「支払意思」という言葉になるよね。

なるほど，そう考えれば幸せの大きさを数値で表すことがで

きますね。

でも，1400円って，なんかボクの実感と違う気がするんだよなー。

実は絶対的な額はなんでもいいんだよ。140円でも1万4000円，14万円でも構わない。これからわかってくることだけれど，問題なのは額よりもその変化の仕方なんだよね。

なんかよくわからないけど，とにかく貴重で価値が高いということだけは確かだな。でも1年間で1斤だけなんて，まだ全然足りないよ。

そうだよね，1年のほとんどが豆ばっかりの生活じゃぁね。じゃあ，2斤目も欲しいというわけだね。

もちろんです！

じゃ，2斤目も手に入ったことにしよう。もう満足かい？

まだまだです。

じゃ3斤目だ。どうだろう？

足りません。まだ欲しいです！

そうだよね。同じことは人間にも言えることだけれど，商品をたくさん使えば使うほど，その幸せは大きくなる。または欲望がより多く満たされるということだ。

先生，そんなの当たり前じゃないですか。

そうだよ。そんな話を聞きに来たんじゃないぞ。それくらい知ってるよ。

経済学ではモノを使うことを「消費する」と言う。つまり，商品を消費する量が多ければ多いほど幸せ，つまり効用は大きい。

確かにこれは人間の持つ幸せ増加のパターンということはわかりますが，わざわざ言うほどのことでもないような気がしますよ。

そこで注目してほしいのだけれど，ぽっぽーは1斤目のパンを食べてから，2斤目のパンを食べることの幸せの大きさは1斤目のときの幸せの大きさに比べてどうだろう。

うーん，まだまだ足りないけれど，1斤目よりも幸せは少し小さくなるかな。

じゃ，2斤目を食べ終わったとして，3斤目は2斤目と比べてどうだろう。

これまた足りないけれど，2斤目よりかは幸せが少ないです。

そうだよね。確かにモノを使えば使うほど幸せは増えるけれど，その増える幸せの大きさはだんだん小さくなってくるんじゃないだろうか。これはパンにかぎらず，どんなものでもそうじゃないかい？

そういえば，食べ物だけじゃなくて，なんでも多すぎるとだんだん飽きてきちゃいますよね。

それが人間の持っている，そしてたぶん生物が持っている幸せ増加のパターンなんだ。モノを消費すればするほど，確かに

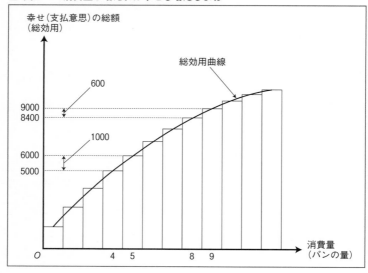

幸せは大きくなる，欲望は充足される。しかし幸せの増え方は次第に小さくなっていく。人間も，そしてハト族もフクロウ族もそういう性質を持っているということになる。

　　幸せは増加するけれど，その増え方は減少する。ややこしいですね。

　　それじゃ，この幸せ増加のパターンをグラフにしてみよう。

　　出たー，グラフだー。どーしよー。

　　そんなに嘆くことないじゃないか。小学生でも使う棒グラフだよ。縦軸に幸せの合計の大きさを，横軸に商品の数をとる。いまの場合だと，縦軸の幸せの大きさは支払意思で表されるよね。そして横軸はパンの量だ。ぽっぽーのパンに対する幸せの

(a) パンの量	(b) 幸せ（支払意思）の総額 （総効用：円）	(c) 総効用の増加の差額 （限界効用：円）
1	1400	1400　（＝1400−0）
2	2700	1300　（＝2700−1400）
3	3900	1200　（＝3900−2700）
4	5000	1100　（＝5000−3900）
5	6000	1000　（＝6000−5000）
6	6900	900　（＝6900−6000）
7	7700	800　（＝7700−6900）
8	8400	700　（＝8400−7700）
9	9000	600　（＝9000−8400）
10	9500	500　（＝9500−9000）
11	9900	400　（＝9900−9500）
12	10200	300　（＝10200−9900）

大きさの変化は図Ⅱ-1のようになっていないかな。それと棒グラフだとデコボコして見にくいかもしれないから，棒グラフに対応するなめらかな曲線も描いておこう。

　なるほど。確かに幸せは増えるけれど，その増え方は小さくなっていることが図に描いてみたらよくわかるね。

　人間だって，トリ族だってそんなもんでしょう。このグラフを作るのには表Ⅱ-1の（a）の列と（b）の列のような数値例を使っているよ。ぽっぽーから見れば支払意思の数字は実際とは違っているかもしれないけれど，話を簡単にするためだからガマンしてほしい。

ガマンもなにも，実際に食べられないんだから構わないよ。

わっ，すごい，ぽっぽーは 12 斤食べたら幸せが全部で 1 万円を超えるんだ！

1 年で 12 斤だから，平均して 1 カ月に 1 斤食べられるんでしょ。うん，12 斤目までいくとだいぶ食生活は充実するな。

ゲンカイコウヨウテイゲンノホウソク？

さて，モノを消費すれば幸せは増えるけれども，その幸せの増え方は小さくなっていくという性質が人間にはあることを前に言ったよね。そこでその幸せの増え方というのは，表 II-1 にある（b）列の差額をとればいいことになる。これが（c）列で示されている。

（b）列のそれぞれの下の数値から上の数値を引き算すればいいんだね。

それで，（b）列に書かれているように，食べたパン全部の幸せの総額を「**総効用**」と呼ぶ。だから図 II-1 の曲線は総効用曲線ということになるね。そして，（c）列に書かれているような，追加で 1 斤食べたときに幸せが増えた分を「**限界効用**」と呼ぶ。逆に言うと，（c）列の累計値が（b）列になっているよ。

限界効用？　いきなり難しそうな言葉が出てきましたね。

ゲンカイ……？　「もうこれ以上幸せになれないんだー，も

う限界！」っていうのかなぁ，な〜んちゃって。でも，「限界」って言うくらいだから，ギリギリっていうイメージはあるな。

ぽっぽー，近いところまでいってるよ。消費する量の限界で，もうちょっとだけギリギリに消費量を増やしたらどれだけ幸せが増えるかということで「限界」という言葉が使われている。たいていのミクロ経済学の教科書では，限界効用については「追加1単位を消費することによって得られる効用の増加分」と書かれているよ。

じゃ，限界効用は減少していくということですね。

そういうことだ。総効用は増加するが，限界効用は低下する。これを「**限界効用逓減の法則**」という。

ゲンカイコウヨウテイゲンノホウソク？　あー，難しい。漢字ばかりだ。

こんな言葉は気にしなくていいよ。もとをただせば人間の幸せの増え方の生理的な性質を示したもので，それを難しそうに言い換えただけにすぎないから。要するに「人間の幸せ増加のパターンってこんなもの」ということだ。「逓減」というのは「ゆっくり減っていく」ということだよ。

「幸せの増え方はゆっくり減っていく法則」って言ってくれたらいいのにな。

じゃ，この限界効用もグラフにしてみよう。限界効用は消費量を1単位増やしたときの効用の増加分だから，図Ⅱ-1のそ

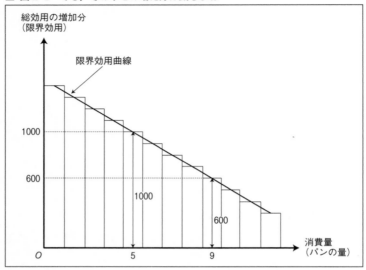

れぞれの棒グラフとそのすぐ右側の棒グラフとの高さの差が限界効用になるわけだ。

言ってみれば，棒グラフでできた階段を左から右に上るときの段差の高さですね。

段差がバラバラだから転んじゃいそうだ。

棒グラフが階段みたいになっているからそういうことになるね。図Ⅱ-1では，例として4斤目から5斤目の変化のときの限界効用1000と8斤目から9斤目のときの限界効用600を描いてある。縦軸に限界効用，横軸に消費量をとると，図Ⅱ-2ができ上がるね。ここも棒グラフがデコボコしているからそれをなめらかにすると直線ができ上がるので，それもグラフに描

き込んである。この線のことを限界効用曲線と呼んだ。この曲線はこれから大切になるからよく覚えておいてほしい。

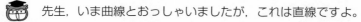 先生，いま曲線とおっしゃいましたが，これは直線ですよ。

このグラフでは見やすくするために表Ⅱ-1で限界効用曲線が直線になるように数値例を作っている。限界効用曲線は人によってもモノによっても違うから，普通はいろいろな曲線になるだろうね。直線は言ってみれば曲線の特殊な形にすぎないんだ。でも，忘れてはいけないのは，どんな曲線でも，限界効用曲線は必ず右下がりで，少しでも右に上がることはないということだ。

そりゃそうだよね。食べ続けている同じパンが，あるとき突然1つ前に食べたパンよりおいしくなるなんてことないもんね。

以上で人間の幸せの増加の生理的な特徴がわかったかな。

はーい。ハトも同じだよ。

CHAPTER Ⅲ

幸せを大きくするためには？
——消費者行動

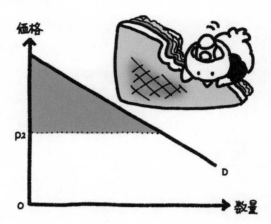

パンはタダじゃない

そこで問題がある。パンはタダでは食べられないということ
だ。つまり商品は買ってこそ使えるのだから，買うためにはお
金を払わなければならない。

まあ，当然でしょうね。そうでなけりゃ無銭飲食になります
から。

パンには価格がついている。1斤いくらってね。だから消費
者は商品を買って使うときの幸せと，お金がおサイフから出て

いくことの不幸せを天秤（てんびん）にかけてあれこれ悩むわけだ。いくつまで買ったら自分の幸せが最大になるだろうかってね。いまの場合はぽっぽーがパンを何斤まで食べるか，ということになるよね。

入ってくる幸せと出ていく幸せかー。確かに，商品を買って使える幸せと引き換えにおサイフからお金が出ていくという不幸せの両方を考えて買い物するっていう考え方はありうるなー。

そこでだ。先ほどのパンの例で，ぽっぽーがパンの価格がいくらならどこまでパンを買うかを調べていくことにしてみよう。いまパンの価格が 850 円だとしよう。平和の象徴ぽっぽーさまがお買い求めになるパンだ。なかなか高級な食パンだよ。

ふむふむ。買ってつかわすぞよ。

ただし，たとえ平和の象徴ぽっぽーさまとはいえ，パンの購入価格を自分で勝手に決めることはできない。あとで詳しく説明することになるけれども，市場メカニズムの力が働いて自動的に価格は決まると考えるんだ。ぽっぽーは市場から価格を与えられて，その下で自分の限界効用を考えて行動することしかできない。こういう消費者のことをミクロ経済学では「**プライス・テイカー**」と呼んでいる。

日本語にしたら「価格を受け入れる人」ですね。

そうだね。さて，表Ⅱ-1（31 ページ）にパンの価格を（d）列として付け加えたのが表Ⅲ-1 だ。パンは何千食，何万食と

■ 表Ⅲ-1　いくつ買えばいいのかな

(単位：円)

(a) パンの量	(b) 幸せの総額 （総効用： 支払意思額）	(c) 総効用の増加 の差額 （限界効用）	(d) パンの価格	(e) 追加の消費で 得られる効用 の増加分 （純効用） ((c)－(d))	(f) 純効用の 累積値
1	1400	1400	850	550	550
2	2700	1300	850	450	1000
3	3900	1200	850	350	1350
4	5000	1100	850	250	1600
5	6000	1000	850	150	1750
6	6900	900	850	50	1800
7	7700	800	850	－50	1750
8	8400	700	850	－150	1600
9	9000	600	850	－250	1350
10	9500	500	850	－350	1000
11	9900	400	850	－450	550
12	10200	300	850	－550	0

生産されているから，ぽっぽーはそのなかのわずかの数しか消費しない。だからぽっぽーが仮に 12 斤買っても 20 斤買ってもパンの価格は変わらない。ということで，表Ⅲ-1 の (d) 列にある価格も 850 円で一定になっている。では，ぽっぽーは 1 斤目をお買い求めになりますか。

 1 斤目の場合は，入ってくる幸せが (c) 列の 1400 円で，おサイフから出ていく幸せが (d) 列の 850 円ですね。

 入ってくる幸せが 1400 円，出ていく幸せが 850 円か。とい

うことは，差し引き 550 円分の幸せが手元に残るわけだ。じゃ
買うよね。

🙂　はい。1 斤目お買い上げー。さて，2 斤目はどうしようか。

🎓　今度は入ってくる幸せが少し下がって，（c）列の 1300 円，
出ていく幸せは（d）列の 850 円だよ。

😊　それなら手元には 450 円分の幸せが残るから買います。

🙂　はい。2 斤目お買い上げー。さて，3 斤目はどうしようか。

🎓　入ってくる幸せが 1200 円，出ていく幸せが 850 円。

😊　手元に 350 円分幸せが残るから買います。

🙂　はい。3 斤目お買い上げー。このままどんどんいって，6 斤
目はどうだろう？

🎓　わっ，かなり追加で得られる幸せは減ってきたね。幸せは
900 円だよ。でも価格は 850 円だ。

😊　それでも差し引きたった 50 円だけど幸せになれるから，ギリ
ギリ買うかな。

🙂　もう一声！　7 斤目はどうする？

🎓　追加で手に入る幸せは 800 円。追加でおサイフから出ていく
幸せは 850 円。あれれ，逆転しちゃったよ。

😊　そうなると，手元に残るのは幸せではなくて不幸せだよね。
50 円損するからもう買わない。

🙂　そうだよね。それが賢明だよね。7 斤目以降を買い続けると
手元に不幸せが積もっていくばかりだから，7 斤目以降は買わ

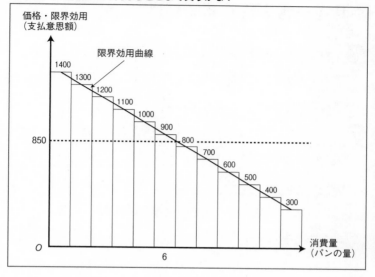

ないのが得策だね。こうして追加１斤ずつの消費でぽっぽーの

手元に残る幸せの大きさを書いたのが，表Ⅲ-1 の（e）列だ。

そして，その累積値が（f）列になる。（f）列を見てみよう。

ぽっぽーが得られる幸せが一番大きくなるのは 6 斤目だよね。

そして消費者の目的は……。

　幸せ，あ，効用の最大化です。

　　だから自分が一番幸せになろうとする消費者は，この場合 6

斤目まで買うことになることがわかる。これをグラフにしたの

が図Ⅲ-1 だよ。図Ⅲ-1 からなにがわかるかな。ヒントは棒グ

ラフの上に乗っかっている斜めの線の限界効用曲線だよ。

幸せを一番大きくするには

🎓 　そうか！　消費者は価格と限界効用が等しくなるように行動するんですね。価格の水平な点線と限界効用曲線が交わったところで効用が最大になるんだ。

😊 　その通り。ここでミクロ経済学が考える消費者行動の一大原理が明らかになった。つまり，「消費者は，価格と限界効用が等しくなる点で消費量を決める」ということだ。そしてこのように行動する消費者のことを「**合理的な経済人**」と経済学では呼んでいる。

🤔 　「合理的」なんていうと冷たい感じがするけれども，これは単に理屈に合った行動をするというだけの意味なんだね。

😊 　そう。自分の幸せを大きくしようとすることは当たり前の行動だし，そのように行動することは理にかなっている，つまり合理的だってことだよね。

🤔 　じゃあ，ボクは合理的に行動して，850 円なら 2 カ月に 1 回くらいパンを買うんだ。

😊 　だけど，私は妻に「あなたは 10 円，20 円をケチるくせに，金額が大きい買い物になったら，気が大きくなって訳がわからなくなる！」とよく怒られる。ということは，私は合理的な経済人でないのかもしれないね。

🤔 　経済学の先生が合理的な経済人でないなんて，話にならない

なぁ。

そういう合理的な経済人を疑う立場が，いま人気のある行動経済学だ。しかし，行動経済学はこのミクロ経済学の前提を疑うことから出発しているので，ミクロ経済学の基礎理論を知らないでいきなり行動経済学に飛びつくとヤケドするから，気をつけてね。物事は順序よく学習することが大切だよ。

行動経済学もミクロ経済学をその基礎としているんですね！

でも先生，どうもしっくりこないんだけど，「消費者は価格と限界効用が等しくなる点で消費量を決める」といっても，ボクは限界効用なんて考えてお買い物したことはないよ。

そうだよね。確かに，限界効用と価格が同じになるまで消費するということですが，私もそんなことを考えたことは一度もないですね。欲しかったら買うし，欲しくなかったら買わないだけじゃないですか。考えたこともない限界効用で消費者は行動しているのでしょうか。消費者は限界効用にしたがって行動するなんて，先生には大変失礼ですが，ミクロ経済学って非現実的で，「机上の空論」じゃないですか。

あ，それならミクロ経済学はこれでおしまいですか。チーン，なんちゃってね。

なかなか厳しいところをついてくるね。確かに私だって生まれてこのかた，限界効用を考えて買う量を決めることなんかないし，第一，限界効用がどれだけなんて考えたこともないよ。

先生でさえそうなら，本当にミクロ経済学はありもしないことを前提に理論を作っちゃっていることになるよね。

わっ，とうとう土俵際まで追い込まれた感じだ。じゃあ，1つたとえ話を出してみよう。突然だけれど，医学・生理学で解明されている「血糖値と満腹・空腹の関係」というのを知っているかい？

知ってますよ。血中の糖分が少ないと空腹に感じて，血中の糖分が多くなってくると満腹中枢を刺激して満腹感が出てくるというやつですよね。こんな体型だから，ちょっとダイエットしたことがあるもので。

その通り。私たちは血糖値が低いと空腹を感じて食事をしたくなり，血糖値が高くなると食事をしなくなる。でもどうだろう，おなかが空いたとか，おなかがいっぱいだとかいうときに，いちいち血糖値で行動しているだろうか。つまり「血糖値がこれこれだからこれだけ食べようとか，血糖値がこれこれだからそろそろ食べるのをやめようか」と考えて食事をしているだろうか。

いやー，食べてるときに血液を検査されることなんてないから考えたことないなー。

そうなんだ。これは人間の食事に関する行動を医学・生理学の専門家が観察し，それを自分たちの分野の言葉を使って説明したということだ。経済学の限界効用も同じことなんだよ。消

費者の行動を経済学者が観察し，それを自分たちの分野の言葉を使って説明したというわけだ。

そうか。生理学と経済学は，同じように人間行動をそれぞれの専門的な知識で説明しようとしているんですね。

だから，さっきホッホーが言った言葉でそのまま置き換えると，「血糖値が下がったから空腹になって食べるというけれども，そんなことを考えたことは一度もない。おなかが空けば食べるし，おなかがいっぱいになったら食べないだけのことだ。考えたこともない血糖値で人々が行動するなどということはありえない。だから医学・生理学は非現実的で，机上の空論だ」と言っていることと同じになるんだよ。

なるほど，そう言われればそうですね。

土俵際から押し返されちゃったね。

パンの値段が変わったら

さて，元に戻ろうか。表Ⅲ-1か図Ⅲ-1を見てほしい。もしパンの価格が値上がりして950円になったら，ぽっぽーはどうするかな？

えーと，限界効用が価格を上回るかぎりは買って，下回ると買わないのが幸せを最大にする方法だから，この場合はパンは5斤目まで買うかな。

正解。じゃあ，パンが値下がりして650円になったらどう

ろう。

それなら8斤目まで買うよ。

正解。ぽっぽーは自分の幸せを最大にできているね。そのことからなにがわかるかな?

価格が変化すると，その価格に応じて消費量を変えているんだよね。ということは……。

あっ，それって**需要曲線**じゃない?

ぽっぽー，需要曲線をよく知っているね。<u>需要曲線は，ある価格が与えられたときに消費者がどこまでの量を買うかを示した曲線</u>だ。

そういうことになると，需要曲線って，限界効用曲線のことじゃありませんか。

ご明察。需要曲線というのは限界効用曲線と一致するんだ。実は私たちは限界効用曲線を手に入れた段階で，すでに需要曲線を手に入れていたわけだ。

なんだ，じゃもっと早く言ってくれればよかったのに。イジワルだなぁ。

ゴメンゴメン。図Ⅲ-1では棒グラフがデコボコしていて見にくいから，もっと簡単に描いたのが図Ⅲ-2だよ。縦軸に商品の価格，この場合はパンの価格だね，横軸には商品の数量，この場合はパンの量をとる。右下がりの斜めの線が需要曲線イコール限界効用曲線だ。前にも言った通り，簡単にするために

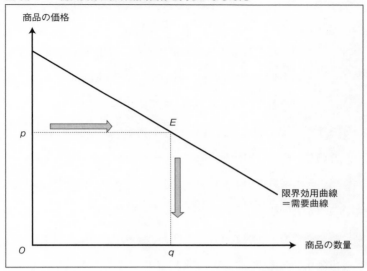

限界効用曲線は直線にしてある。だから需要曲線も曲線じゃなくて「需要直線」になっているけれど，直線は曲線に含まれるし需要曲線がつねに右下がりなら，どんな曲線でも構わない。

この図Ⅲ-2だと，価格が p のときは q まで買うことで消費者の効用は最大になっていて，それが消費者の合理的な行動というわけですね。

このグラフでたどっていってみよう。価格 p が与えられたら，縦軸の p から出発して水平に右方向に進んでいく。すると，限界効用曲線イコール需要曲線と E 点でぶつかるから，そこから今度は垂直に下方向に進んでいって消費量 q が決まるんだ。

先生のお話はなんだか地図で道案内しているみたいだね。図Ⅲ-2の矢印のように進んでいけばいいんだ。

そういうことになるね。だから，図Ⅲ-2を見るときには注意してほしいことがある。普通グラフでは横軸に x を，縦軸に y がとられていて，私も中学校の数学の先生から「x の値が決まったらそれに対応して y の値が決まる」なんて教わったものだ。つまり横軸を先に考えて，その後に縦軸を考えるということに慣れてしまっている。ところが需要曲線の読み方は，これまでのことからわかるように，縦軸を先に読んでそれから横軸を読む。なぜならば，これまで述べたように，消費者は市場価格を与えられて，その下で自己の限界効用曲線を考えて消費量を決めるからだ。この違いに気をつけよう。

そんなの混乱するよ。なんで経済学は横軸に価格，縦軸に数量というようにしなかったんだろう。ヘソ曲がりなんだな。

確かにそうかもしれないね。実際，私の勤務先の大学でも，これで結構混乱している学生も多いよ。

先生，混乱しないようにしっかり教えてあげてね。

こらこら，上から目線だよ。

しかし，縦軸に価格をとるほうがわかりやすいことも多くあるんだ。今回は説明できないけれども，独占市場の分析なんかでは縦軸に価格があるほうが理解しやすい。だから，ちょっと不便だけれどガマンしてほしい。

（🧑）　仕方ないな。ガマンしてあげましょう。

需要曲線を手に入れた！

（🧑）　これで需要曲線が手に入ったね。いちおう言葉の整理をして
おくと，これまで出てきた「需要量」「消費量」という言葉は
同じことを言っていて，数量として横軸に表すことができる。
そして「幸せ」「効用」も同じ意味だ。これらは支払意思とい
う共通の尺度で価格と同じように金額として縦軸にとられてい
る。この点は大丈夫だよね。

（🧑）　いろいろな言葉が出てきていますが，言っていることはみん
な同じだということですね。ということは，その場その場でい
ろいろな表現が出てきても，みんな同じ意味だから気にしなく
ていいというわけですね。

（🧑）　そういうこと。その場でわかりやすいように表現は変えてい
ても，言っていることは大体同じなので，あまり気にしないで
ほしい。

（🧑）　パンだって，別にパスタでも，映画を見に行く回数でも，ア
イドルに会いに行く回数でもいいってわけだよね。

（🧑）　大筋においてその通り。あまり気にしなくていいよ。好きな
商品なんかを想像してほしい。さて，その需要曲線だけれど，
先ほどの数値例を考えると，これはぽっぽー個人のパンに対す
る需要曲線だったよね。

ボクのパンに対する愛は，確かにあの需要曲線に現れています。

　　それじゃ，市場全体の需要曲線はどうなっているだろうか。市場メカニズムが社会にとって望ましいかどうかを明らかにすることが私たちの最終目的だから，ぽっぽー個人の需要曲線だけを相手にしているわけにはいかない。個人の需要曲線から市場全体の需要曲線を出す必要があるよね。

　　あ，先生，ボクの幸せなんかどうでもいいように言ってる。

　　いや，ぽっぽーも社会の一員だから，市場全体の需要曲線を考えるときにぽっぽーの幸せも含まれている。だから安心していいよ。市場全体の需要曲線というのは，ある価格が与えられたときの市場全体の需要量を示すものだ。当たり前だけれども，市場全体の需要量というのは，その市場にいる個々の消費者の需要量を合計したものになる。世の中にはいろいろな消費者がいるから，同じ価格が与えられても，それぞれの需要量は違うのが普通だよね。たとえば，パンが 850 円ならぽっぽーは 6 斤を需要するけれども，肉好きのホッホーさんはパンがそれほど好きじゃないだろうから 2 斤かもしれないし，スズメさんはもっと少なくて 1 斤かもしれない。

　　確かに私はもともと肉食だから，ぽっぽーほどはパン好きじゃないですね。

　　あんなにおいしいものをあんまり好きじゃないって，かわい

そう。

もしこの市場にぽっぽーとホッホー，そしてスズメさんしかいないとすれば，価格が 850 円のときの市場全体の需要量は 6 ＋2＋1＝9 で 9 ということになる。

ずいぶん小さな市場だなー。

もちろんいまのは単純化したときの話だ。市場全体では何千何万という消費者がいるだろうから，市場全体の需要量はかなり大きいだろうね。でも，それぞれの価格が与えられたときの個々の消費者の需要量を合計することに変わりはない。図Ⅲ-2 は個人の消費者の需要曲線だから，これらを合計して市場全体の需要曲線を出すということは，図Ⅲ-2 のような消費者個人の需要曲線をどんどん水平に，つまり横軸方向に合計すればいいことになる。そうすると，縦軸の目盛りはそのままだけれども，横軸の縮尺はぐっと縮めてやはり市場全体の需要曲線も右下がりになるよ。

そうか。個人の需要曲線と市場全体の需要曲線では，縦軸は同じな一方で横軸の距離感はかなり違うわけですね。

そうそう。これをしっかり理解しておかないと，ミクロ経済学でより進んだ理論を勉強するときに混乱することになるから注意が必要だ。世の中にはいろいろな人がいるから需要量もバラバラだけれど，話を簡単にするためにクローン人間のようなそっくりさんの消費者を考えると，その人の需要量の整数倍が

市場全体の需要量になる。たとえば 850 円で 6 単位需要するクローン・ぽっぽーがこの市場に 1000 人いるとすれば，市場全体の需要量は 850 円のときに 6×1000 で 6000 単位となる。

 えーっ，ボクは唯一無二のぽっぽーさんだよ。

人間の幸せが面積で表される

もちろんたとえ話だよ。さて，消費者個人でも市場全体でも，需要曲線というと単に与えられた価格とそのときの需要量という組み合わせを描いた点の集まりにすぎないと思ってしまうかもしれないけれど，実はこの曲線はそれ以上に大きな役割を果たすんだ。大げさに言うと，私たちの幸せの大きさが需要曲線を使って図形の面積で表されるということだ。これってすごくないかい？

え，幸せが面積で表される？

その面積を食べたら，パンみたいにおなかいっぱいになるのかなー。

残念ながら，図形を描いた紙の味しかないと思うけどね。食べてみるかい？

いや，いいです。

ハハハ。市場全体の需要曲線でも，消費者個人の需要曲線でもどちらでもいいのだけれど，ここでは消費者個人の需要曲線で考えてみよう。市場全体の場合は，その個人の幸せを単純に

合計するだけでいいからね。

 クローン・ぽっぽーはいないけどね。

 くどいね。

先ほどのパンの例に戻ろう。ぽっぽーは最初の1斤目で得られる幸せは1400で、おサイフから逃げていく幸せが850だったから、差し引き550の幸せが手許に残る。だから買ったんだよね。

その通りだよ。

ということは、1斤目で550の幸せを得たことになる。同じように2斤目で手許に残った幸せが450、3斤目で350となっていって、最終的に6斤目の50でおしまいとなったわけだ。ということは550+450+350+250+150+50＝1800で合計1800の幸せを得たんだよね。

それは表Ⅲ-1の（f）列にも出ていますよね。

そこで図Ⅲ-3（a）を見てほしい。価格を表す850という水平な点線より上の限界効用部分、ここでは網かけをしている部分だけれど、これがぽっぽーの幸せを表していないかい？

ホントだ。そうなってる。

図Ⅲ-3（b）は限界効用曲線をなめらかにした場合だ。限界効用曲線は需要曲線と同じだから、ここではこの曲線を需要曲線Dとして表している。この図Ⅲ-3（b）だと、三角形アの面積が消費者個人の幸せとなっている。ぽっぽーはパンを手に入

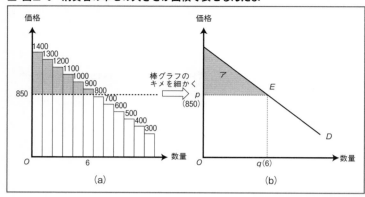

■ 図Ⅲ-3　消費者の幸せの大きさが面積で表せるんだよ

れることで，表Ⅲ-1（b）列の 6 斤目のところに書いてあるように合計で 6900 の幸せが入ってくる。その一方でおサイフから逃げていく幸せの合計は 850×6 で 5100 だ。入ってくる幸せが 6900，出ていく幸せが 5100 だから，差し引き 1800 の幸せが残るというわけだよね。入ってくる幸せから出ていく幸せを引いた余りがぽっぽーの本当の幸せとなる。これをミクロ経済学では「**消費者余剰**」と呼んでいる。

　差し引きして手もとに残る余りだから「余剰」なんですね。

　ボクの幸せ，あ，消費者余剰があの三角形なんだ。でも，三角形とか面積とか言っても，いまいち実感が湧かないなー。消費者余剰をもっと実感できないかな。

　消費者余剰を実感できる例を別に作ってみよう。たとえばオークションだ。

　オークションと言えば，ぽっぽーは小社から出たばかりの本

54

をネット・オークションに出して社長に怒られてたよね。

すみません。反省してます。

有斐閣の公式キャラクターとしてだんだん有名になってきているぽっぽーだけれども，ぽっぽーが公式キャラクターの座をオークションに出すことにしよう。

そういえばシッシーも言ってたなー。

シッシーって，有斐閣の社章の右側に収まっているライオンのこと？

そう。仕事仲間だからよく話をするんだよね。仕事がきつくなったら一緒に他社へ逃げようかなんて……。

先生，すみませんが，聞かなかったことにしてください。

彼は社章のなかに 70 年も入っているからね。ボクもそこそこ働いたということにして，そろそろ大金を手に入れて引退したいなー。

そこで，その公式キャラクターの座を争って，イタチとネズミが応札するとしたとしよう。

どっちが落札してもホッホーさんに食べられちゃいそうだな。

私は仕事仲間は食べません。

たとえば，イタチはその枠に 100 万円払っても惜しくないと考えているとしよう。つまり支払意思は 100 万円だ。

有斐閣の公式キャラクターの座はそんなもんですかね。

たとえ話だからどんな金額でもいいのだけれど，失礼だった

ら代わりに社長に謝っておいてください。

いやです！

ハハハ。さて，イタチとネズミの競争でどんどん価格はせり上がっていく。10万円，20万円と，どんどん落札価格は上がっていき，80万円でとうとうネズミが降りたとしよう。このときイタチは100万円から80万円を差し引いた20万円分を「儲かった！」と思うだろう。この得をしたと思った気持ちが消費者余剰だ。

じゃ，ボクは80万円もらえるのですね。

それは有斐閣のものだろう。君はもらえないと思うよ。

引退後の優雅な生活は夢かぁー。

イメージは湧いたかな。この消費者余剰の面積を考えると，どうして消費者は価格が下がると喜ぶのかということがわかってくる。図Ⅲ-4を見てみよう。最初の価格が p_1 だとすると，このときの消費者余剰は三角形の面積アだよね。ところが価格が p_2 に低下したとする。このときの消費者余剰は三角形の面積ア＋イだから，台形の面積イだけ消費者余剰が，つまり幸せが増加することになる。だから消費者は価格が下がると嬉しいわけだ。

なるほど，パンの価格が下がって，ぽっぽーが「やったー，もっとパンが食べられるぞー」と喜んだときのその笑顔が，この台形の面積というわけですね。

■ 図Ⅲ-4 消費者の嬉しさが現れるところは？

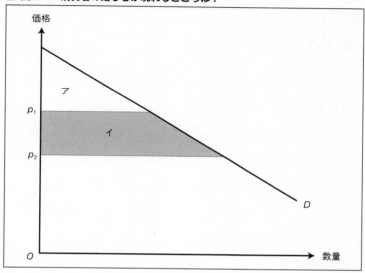

そうなるね。

人の幸せが数値や面積で表すことができるなんて，なんかすごいな。でも，ボクがパンを食べるために喜んで支払う額が3000円として，ホッホーさんがコーヒーを飲むために喜んで支払う額が1000円だとしたら，そのときボクの効用がホッホーさんの効用の3倍だなんて言えるのかなー。人の気持ち，いやトリの気持ちというか効用って，そんなに比べられるとは思えないんだけれど。

幸せは比べられるの？
人間は利己主義者ばかりなの？

なかなか鋭いところを突いてくるね。個人の間で幸せの大きさを比べられるかどうかということは、経済学上でも大問題だったんだ。少なくとも昔は、それができるとして理論が組み立てられていた。しかしいまは、個人の間で効用の大きさは数量として比べられないという前提を置いて理論ができ上がっている。それで個人の効用の数値を比べないようにしても需要曲線が導き出せるようになったんだ。だからその点は心配無用だよ。でも、ここでは話を簡単にするために効用を数値で表すということで考えていこう。このように考えるのが納得いかなかったら、より上級のミクロ経済学の本を読んでね。

これから生産のことなんかもやるんでしょ。そんな上級の話を聞く余裕はないなぁ。

ところで、いまごろになってこういうことを言うのもなんですが、先生。

なんでしょう？

これまでの先生の説明だと、消費者は自己の効用を最大にするという前提でやってきたわけですよね。言ってみれば、自分の幸せだけを考える利己主義的な人間を考えているんですよね。

まあ、そうですね。

でも，災害に遭った人に対して義援金を出したり，貧しくて困っている人のために寄付をしたりすることがよくありますよね。これって，自分の幸せのためではなくて他人の幸せのためにお金を出しているじゃないですか。これは利己主義を前提とする経済学では説明のつかない行動ではないですか。

いいところに気がついたね。これはいわゆる利他主義で，経済学の前提とする「人間は自己の効用を最大化する」つまり利己主義と矛盾しているように見える。これは1つの考え方にすぎないのだけれど，よく考えてみると，義援金を出したり寄付をしたりする人は，自分のお金を自分のために使って得られる幸せよりも，他人の幸せに使ったほうが自分の幸せが大きくなるから寄付をしたのだと考えることができるよね。つまり，他人の幸せを感じることが自分の幸せになるということになる。そうなると，実は利他主義は究極的には利己主義になるんじゃないかい？　こう考えると，あながち矛盾しているとはいえなくなるよ。

なるほど。

なんだかだまされているような気がするなー。こんなことまで考えてくると頭が混乱しちゃうよ。

そうだよね。ちょっと難しい話だし，疲れたかもしれないね。それじゃ，ここらで小休止といこうか。お茶を入れるけれど，ぽっぽーとホッホーはコーヒーと紅茶のどちらがいいかな？

私は紅茶よりもコーヒーのほうが「効用」が高いので，コーヒーがいいですね。

おっ，早速，経済学用語を使っているね。ぽっぽーは？

ボクは豆！

さすがに豆は用意していないけれど，パンの例を出したからおなかが空いちゃったんだね。大学オリジナルのチョコレートとクッキーを用意しておいたよ。召し上がれ。

ありがとうございます！

じゃあ，夕食には豆料理のおいしい店に行こうか。ただし，しっかりとお勉強したらの話だからね。もうちょっと，がんばってください。

はーい。

CHAPTER Ⅳ

利益を得たい！
──生産者の目的

新しいことがまた始まるのかなぁ

いよいよここからはもう一方の，モノを作って利潤を得る人
の話，生産者の話だ。くどいようだけれども，「モノ」という
のはイメージしやすい「商品」という言葉で考えるんだったね。
生産者は企業と考えてもいい。そこでもう一度，消費者の行動
分析を復習しておこう。消費者というか人間の幸せ，効用増加
のパターンは，「商品を消費する量が多ければ多いほど効用は
大きくなるけれど，その効用の増え方は小さくなる」というこ

とだったね。そこで，追加1単位の消費量で得られる追加の効用の大きさを限界効用と呼ぶことにした。だから限界効用は低下し続けることになる。そして効用を最大にしたいと考える消費者は，価格と限界効用を等しくする点で消費量を決める。ということは，限界効用曲線は与えられた価格で消費者が消費する量を決める曲線だと言えるので，限界効用曲線は需要曲線と一致する。そして需要曲線と価格の水平な線に挟まれた部分の面積が消費者の手元に残る幸せで，これを消費者余剰と名づけた。以上でいいかい？

確かにそうですけれど，なぜこんなことを繰り返すんですか。

そんなにボクは忘れっぽくないよ。

これから生産者の話が始まるけれど，どんな話が展開されると思うかな？

わざわざ休み時間を作ったくらいだから，消費者の行動分析と同じぐらいの大変なことが待っているんじゃないかな。

そう思うだろうね。ところが，意外にそうじゃないんだ。さっき復習をしたのは，生産者の行動分析は消費者の行動分析ととても似ているということを言いたかったからなんだ。もちろん出てくる言葉は違ってくるけれども，その考え方はそっくり。消費者の行動分析を理解するために頑張ったのと同じくらいの努力が生産者の行動分析でも必要かというと，そうではなくて実は勉強量は2倍以下になる。

えっ？　楽になるんですか。同じくらい大変だと思ったけど。

これからお話ししていくことになるけれど，さっき復習したことと同じ考え方が繰り返し出てくることを意識しながら聞いてもらいたいな。

覚悟していたけれど，なんだか拍子抜けしちゃうな。まったく新しいことが始まって，大変になるんじゃないかと思ったよ。

経済学は非常に論理的な体系を持っていて，別名「社会科学の女王」とも呼ばれている。それくらい論理的思考を大切にするので難しそうに見えるんだけれども，論理的であるということは，かえって構造が理解しやすいということでもあるんだ。だからこの考え方のコツをつかむと，意外に経済学は面白くて入りやすい学問になるんだよ。

そういうものなのかなー。

そういうものなのかどうか，やってみなけりゃ，わからないよ。先生，消費者の行動分析での考え方を意識しながらやっていくと理解しやすくなるんですね。ぽっぽー，同じ考え方が繰り返し出てくるなんて，なんだか面白そうだよ。

ま，やってみましょうか。

インプットとアウトプット

ハハハ，なんだか偉そうだね。それでは生産者の行動を分析する前に，まず2つの言葉を説明しておこう。この言葉という

のは「**インプット**」と「**アウトプット**」だ。この言葉は聞いた
ことがあるよね。

そうですね。コンピューターの分野なんかで使われませんか。
データをインプットするなんて言いますよね。

その通りで，この言葉はミクロ経済学以外の分野でも使われ
ているし，ミクロ経済学のなかでもその言葉の意味はそんなに
大きくは変わらない。ある商品を生産するときに必要になるの
は原材料や労働力だよね。こうした原材料や労働力は，インプ
ットとして代表的なものだ。そしてこれらのインプットを使っ
て，商品というアウトプットが出てくる。つまり，インプット
が投入されて，生産活動を経てアウトプットが産出される。だ
からインプットは「**投入**」とも呼ばれるし，アウトプットは
「**産出**」とも呼ばれる。

で，インプットとアウトプットがわかって，どうするんです
か。

世の中の仕組み，経済の仕組みというのはインプットとアウ
トプットの連続なんだよね。消費者行動の分析のときに幸せの
増加あるいは欲望充足のパターンというのを勉強したけれど，
インプットとアウトプットという言葉を使えば，これは消費量
がインプットで，効用がアウトプットということになる。つま
り，インプットである消費量を増やしていったときに，アウト
プットである効用がどう変化するかを見たわけだ。そこで今度

は生産のパターンだ。ここでも原材料や労働といったインプットを増やしたときに，商品の生産量，つまりアウトプットがどう変化するかを見ていくよ。

でも，なんだかイメージが湧きませんね。

じゃ，なにか具体的な生産を考えてみよう。ぽっぽー，またモデルになってくれるね。

パンだって食べずになんとかなったんだ。もう，なんでも耐えられるよ。

おおげさだなぁ。

アウトプット（生産量）の増え方

では，ぽっぽーが森で木の実を集めることを考えてみよう。最初に，森をひと回りしたら100個の木の実を集めることができたとする。

先生，そんな一気に100個も集めませんよ。

いいよ。そんなにたくさん木の実があるんだったら，公園でパンを食べ損ねた仲間におすそ分けしたいから，ボクがんばっちゃう！

だとすれば，100個くらい軽いかもしれないね。1回目だったら木の実は見つけやすいところにあったり，たくさんまとまって実っていたりするから，たくさん集められるだろう。いいかい，これが生産だ。

楽勝，楽勝。ボクの実力はこんなもんじゃないよ。

でも，どうだろう。森を 2 回目に回るときには見つけやすい木の実は採ってしまっているから，2 回目はたとえば 80 個なんかにならないだろうか。

そうですね。それで何回も採りに行っているうちに，天敵がすぐそこにいるような危険なところや，採りにくい場所にある木の実しか残らなくなってしまうでしょうね。

ホッホーさんが天敵なのにね。

だから，森を回る回数が増えれば増えるほど，集められる木の実の全体量は多くなるけれど，森を回る回数が増えれば増えるほど，追加で集められる木の実の量はどんどん減っていくだろうね。それに，森にある木の実自体の数が少なくなる。いわゆる資源の枯渇というやつだ。最後のほうになると，もう 1 回追加で集めに行っても 20 個とか 10 個くらいしか集められなくなるだろう。

それは辛いね。森のなかを必死で探し回っても，ほとんど見つからないというのは。

ここでインプットの量になっているのは，ぽっぽーが森のなかを飛び回る回数だ。言い換えれば，ぽっぽーの労働と言っていいかもしれない。そしてアウトプットの量は集めた木の実の数だ。つまり，インプットを増やせば増やすほどアウトプットの量は増える。しかし，インプットの量を増やしても追加で得

られるアウトプットの量は，次第に小さくなっていく。別に木の実集めだけじゃなくて，農業だって同じだよ。インプットとして種子の数や耕す労働力を増やしていくと，アウトプットの穀物の量は増える。しかし，１回目の収穫ではたくさんの穀物を得ることができても，だんだん土地が痩せてきて２回目，３回目と生産すればするほど，追加の収穫量は減ってくる。

農業の例はわかりにくいな。

ホッホーは基本的に肉食だから実感が湧きにくいかもしれないね。経済学はもともと農業の分析から発展していったところが多いから，こうした農業関係の例は多いんだよ。

そうなんですか。

食物連鎖じゃ下位のほうだけど，経済学の理解では草食もトクするんですね。

なんだかよくわかんないけど……。じゃあ，私が勤務先の大学の講義でよく使う例を紹介しよう。学園祭での模擬店の話だよ。あるサークルが１つのテントのなかでお好み焼きの模擬店を始めるとしよう。

あ，それならお肉が入っているからわかりやすそうです！

学園祭が始まったばかりのときはお昼前だし，早起きして出てくる学生の数が少ないからゆっくりとキャベツを切ったり，混ぜたり，焼いたりしているよね。

お昼どきに向けて，まだのんびりしていますね。

でもだんだんとお客さんが多くなってくると，インプットとなるキャベツや小麦粉，それとキャベツを切ったり混ぜたり焼いたりするために必要な労働力を増やさなきゃならない。そうすると，でき上がるお好み焼きも増えるよね。

つまり，インプットが増えるとアウトプットも増えるということだよね。

そしてお昼どきになったらどうだろう。寝坊して出遅れたサークルの学生たちも，続々と応援に来るだろう。でも狭いテントのなかだ。そんなところに 10 人も 20 人もインプットとなる学生が動き回っても，せっかく作ったお好み焼きのタネを体がぶつかった拍子にボールごとひっくり返したり，無駄話が多くなって仕事のペースが落ちたり，なかには自分で食べ始めるヤツも現れるかもしれない。すると，どうだろう。

なるほど。労働力というインプットが増えても，アウトプットのお好み焼きの量はそれほど増えなくなりますね。

もう 1 つ。ちょっと適切な例かどうかはわからないけれど，有斐閣の営業担当部員の数をインプット，書籍の売上をアウトプットとすると，インプットを 1 人から 2 人，101 人から 102 人，1001 人から 1002 人に増やすときのアウトプットになる書籍の売上の増加分が次第に小さくなることは簡単に想像できるんじゃないかな。

さすがの有斐閣でも 1000 人も営業担当部員はいませんけど

ね。じゃ，営業じゃなくて編集担当部員の数をインプットとすれば？

原稿の完成量がアウトプットになるのかな。でもこれ，著者の性格によるから，これまでの例みたいにはいかないだろうね。ハハハ。

確かに著者が怠け者だと，どんなに編集担当部員を多くしても無理でしょうね。

すみません，がんばります。ま，それはそれとして，生産するときというのは，どんなものでも大体こんなパターンじゃないだろうか。「過ぎたるはなお及ばざるがごとし」だね。確かにインプットを増やせばアウトプットは増えるけれども，インプットを増やせば増やすほどアウトプットの増え方は小さくなる。これをイメージして作ったのが図IV-1だ。グラフがデコボコしていると見にくいから，それをなめらかにした線も描いているよ。横軸にインプットの量が，縦軸にアウトプットの量がとられている。これを見て，前に見たなにかと似ていると思わないかい？

あっ，消費者のときの図II-1（30ページ）と同じ形になってる！

しかも消費者の行動で商品の数量がインプット，効用がアウトプットと考えれば，この図でも横軸はインプット，縦軸はアウトプットとなっていて，同じじゃないかい？

■ 図IV-1　インプット（原材料・労働の量）が増えれば，アウトプット（商品
　　　　　の量）も増えるよね

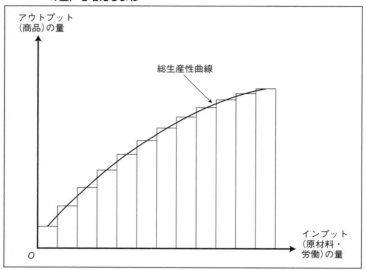

 ということは，消費も生産も同じパターンというわけですね。

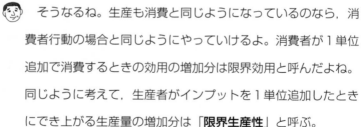 そうなるね。生産も消費と同じようになっているのなら，消
費者行動の場合と同じようにやっていけるよ。消費者が1単位
追加で消費するときの効用の増加分は限界効用と呼んだよね。
同じように考えて，生産者がインプットを1単位追加したとき
にでき上がる生産量の増加分は「**限界生産性**」と呼ぶ。

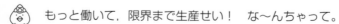 もっと働いて，限界まで生産せい！　な〜んちゃって。

ハハハ。ところでここでの「限界」という言葉は，限界効用
のときの「限界」とまったく同じ意味だよ。生産の総量は「**総
生産性**」と呼ばれる。消費のときの「総効用」に対応する言葉

70

で，図Ⅳ-1にある曲線が総生産性曲線だ。ということは，生産のパターンは，「総生産性は増加するが，限界生産性は低下する」だ。これを**「限界生産性逓減の法則」**と呼ぶ。そして消費者の幸せのパターンはなんだったかな。

「総効用は増加するが，限界効用は低下する」で，これを「限界効用逓減の法則」と呼びました。同じですね。

グラフをひっくり返そう

しかし，ここでちょっと困ったことが起きる。商品は消費者にとって効用を得るためのインプットだけれど，生産者にとってはアウトプットになるということだ。前に言ったように，世の中の仕組み，経済の仕組みというのはインプットとアウトプットの連続だからね。消費の場合の図Ⅱ-1の横軸にはインプットとして商品の量がとられていて，縦軸にはアウトプットとして消費者の効用の大きさが支払意思でとられている。一方，生産の場合の図Ⅳ-1の横軸にはインプットして原材料や労働の量がとられていて，縦軸にはアウトプットとして商品の量がとられている。これじゃ正確に対応しているとはいえないね。

つまり，同じ商品の量が消費者の場合は横軸に，生産者の場合は縦軸になっちゃっているわけだね。消費と生産を対応させたいのなら，縦軸と横軸は揃っていなくっちゃね。

そういうことになる。だから生産者が作る商品の量を縦軸で

はなくて，横軸に来るように揃えなくちゃいけない。そうすれば生産者と消費者の横軸は商品の量で一致するよね。縦軸の目盛りを横軸の目盛りに持ってくるには，どうすればいいかな？ただ，棒グラフで考えるとグチャグチャになってしまうから，ここでは棒グラフと一緒に描かれている曲線だけを使って考えよう。

　それならやり方を知ってます。グラフの原点を通る45度線を引いて，それを軸にして180度ぐるりと回転させればいいんです。

　ボクは最近本に貼りつくお仕事ばかりで2次元でしか生活していないから，なかなかイメージするのが大変だな。

　ホッホーのやり方で表したのが図IV-2だ。これで横軸に消費と生産に共通する商品の数量をとることができたね。さて次に問題なのは，ひっくり返って縦軸に目盛られることになったインプットの量，たとえば原材料の量や労働の量だ。

　このままじゃ，どうにもならないですね。消費の場合，縦軸には支払意思とか価格というような金額が縦軸に目盛られているのに。

　横軸に商品の数量をとって単位を揃えることができても，縦軸は生産に必要な原材料や労働といった量のまま。ホッホーが企業の経営者だとしたら，これで十分だろうか。

　企業の経営者なら当然，費用を考えますよね。でもこのグラ

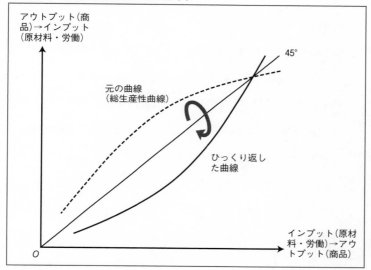

アウトプット（商品）→インプット（原材料・労働）

45°

元の曲線（総生産性曲線）

ひっくり返した曲線

O

インプット（原材料・労働）→アウトプット（商品）

フには費用のことは出てきていません。このグラフでは，企業はどれだけの生産をするべきかを判断することができませんね。

費用の大きさがわかんないと，利潤の大きさもわかんないよ。

そうだね，どの会社の社長さんだって，費用のことを考えない社長さんはいないよね。言い換えれば，費用に基づいて企業行動は決定されるといえる。だから，このグラフだけでは十分ではないんだ。

えー，また新しいグラフが出てくるんですか。

いやいや，図Ⅳ-2にちょっと工夫を加えるだけで大丈夫。まあ見ていてごらん。縦軸はたとえば原材料や労働などのインプットの量だったよね。もちろんこれらのインプットはタダで

は手に入らない。原材料ならば単位当たりいくらという仕入れの単価があるし，労働力の場合は時給いくらという賃金が必要だ。ミクロ経済学の用語で言うと，原材料や労働などのインプットを生産に必要な要素だから「**生産要素**」と呼び，原材料価格や賃金を生産要素の価格だから「**要素価格**」と呼ぶ。いま企業は要素価格を勝手に決められず，いくら仕入れても雇用しても要素価格は変わらないとする。

あ，それ消費のときにやったやつだ。1人の生産者は全体から見るとちっぽけな存在で，市場価格に影響を与えることができない，プライス・テイカーなんだよね。

よくできました。じゃあ，縦軸のインプットの量に要素価格をかけ算した数値は縦軸でどう表されるかな？

原材料や労働の量に仕入れ価格や賃金をかけ算するのだから，あ，それは費用ですね。

そう，より正確に言えば，すべての費用ということだから**総費用**になる。ということで，縦軸は総費用を表すことになる。それから念のために言っておくけど，要素価格は一定の数値だから，縦軸のインプットの量に要素価格をかけて目盛ったとしてもグラフの形は変わらない。

総費用と限界費用

そうなると，消費のときと同じように縦軸は金額で表される

■ 図Ⅳ-3　総費用曲線ができた

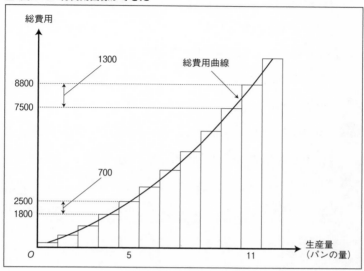

ようになるよね。これで消費の場合と縦軸も横軸も単位がお揃いになったわけだ。

　　横軸は商品の数量という単位で，縦軸は支払意思と総費用という金額の単位ですね。

　　総費用を表した曲線を総費用曲線と呼ぶ。図Ⅳ-3 が総費用曲線だ。イメージが湧きやすいように棒グラフも復活させたよ。これを見ればわかるように，総費用曲線が右上がりなのは当然として，生産量が増えれば増えるほど，その増え方は大きくなっていく。たとえば，4 単位作るときの総費用が 1800 で 5 単位作るときの総費用が 2500 とすると，追加で 5 単位目を作るときの費用の増加分は 700 だけれども，10 単位作るときの総

費用が 7500 で 11 単位目を作るときの総費用が 8800 とすると，11 単位目を作るときの費用の増加分は 1300 になっている。追加 1 単位の生産で必要な費用が増加すると，図IV-3 のような費用曲線の形になる。

追加 1 単位？　あれ，さっきも出てきたような……。

消費者の行動分析のときに，追加 1 単位の消費量の増加による効用の増加分を限界効用と言ったよね。それじゃないかな。

さすがに勘が鋭いね。生産も同じように考える。つまり追加 1 単位の生産量の増加による総費用の増加分を「限界費用」と呼ぶんだ。

また出たー，ゲンカイ。もうこれ以上お金を出せない，出せる費用はこれが限界！　限界っていう言葉が出てくるのも，これが限界！

わかった，わかった。ここでは，もうこれ以上は「限界」という言葉は出てこないから安心してほしい。ただ，ミクロ経済学では「限界」がつく言葉は他にもあるということは，できれば覚えておいてほしいけれど。ところで，以上のことから限界費用はつねに増加するということはわかるよね。もっと具体的に考えるために，数値例を作ってみようか。生産するものはなんでもいいのだけれど，消費の場合と対応させたいから，またパンにしよう。

せっかく忘れかけてたのに，パンなんて聞いたらまたおなか

■ 表Ⅳ-1　費用の増え方

(a) パンの量	(b) 総費用（円）	(c) 総費用の増加の差額 （限界費用：円）
1	300	300　（＝300−0）
2	700	400　（＝700−300）
3	1200	500　（＝1200−700）
4	1800	600　（＝1800−1200）
5	2500	700　（＝2500−1800）
6	3300	800　（＝3300−2500）
7	4200	900　（＝4200−3300）
8	5200	1000　（＝5200−4200）
9	6300	1100　（＝6300−5200）
10	7500	1200　（＝7500−6300）
11	8800	1300　（＝8800−7500）
12	10200	1400　（＝10200−8800）

空いちゃうなー。

表Ⅳ-1の数値例は図Ⅳ-3の数値と対応している。これを見ると，(c)列の限界費用がどんどん大きくなっていることがわかるだろう。この限界費用をグラフにしてみるよ。それが図Ⅳ-4だ。横軸は相変わらず生産量つまりパンの量だけれど，縦軸には限界費用が目盛られていることに注意してほしい。これに似た図はどこにあったかな。

 図Ⅱ-2（34ページ）にありました。

その通り。棒グラフあるいは直線が右上がりか右下がりかという違いだけで，考え方はまったく同じだ。

■ 図Ⅳ-4　限界効用は減少するけれど，限界費用は増加するんだ

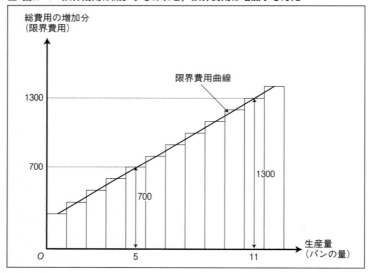

なるほど，そう考えるとわかりやすいな。考え方は同じとい

うわけだね。

CHAPTER V

利益を大きくするためには？

——生産者行動

生産者の行動分析

さて，生産のパターンはわかったから，いよいよ生産者，つまり企業行動の分析といこうか。パンの例を出したから，企業はパン製造業としよう。それじゃここで，ぽっぽーにはその社長になったつもりで答えてもらおうか。

いいですねー。喜んでやります！　会社の名前はなにがいいかなー，「ぽっぽー食品」「ぽっぽーフーズ」「ぽっぽー・エンタープライズ」……。うーん，なかなかいいのがないなぁ。

会社の名前なんかどうでもいいから，先に行こうよ。

わかった，わかった。タケウチ君，わが社の経営コンサルタントとして，なんでもアドバイスしてくれたまえ。

こらこら。はしゃぎすぎだよ。

いいって，いいって。勉強は楽しくなけりゃ。私のゼミは楽しさ第一だから，こんなたとえ話ばっかり出てくるよ。さて，企業だからパンを製造して，それを販売して利潤を出さなくてはならない。ぽっぽーの目的は利潤の最大化だよ。しかし，ぽっぽーと同じようにパンを作っている生産者は多数いることが前提であることを忘れてはいけないよ。

確かに，この日本でパンを作っているお店はきっと何百何千とあるでしょうね。

だからパンの価格をぽっぽーが勝手に決めることはできない。言ってみれば「相場」というものがある。それは市場が決めることだから，ぽっぽーは口出しすることはできない。

いやだ。ボクは儲けたいからパンの価格を2000円にする！

えーっ？

それもいいだろう。でも，パンは特別のことでもしないかぎり大体どこのお店でも似たり寄ったりだ。同じ味と分量のパンなら，誰が2000円もするパンを買うだろうか。お客は全部逃げ出して他のお店に行っちゃうんじゃないかな。

そうか，似たようなパンなら誰でも1円でも安いほうがいい

からね。それじゃ，安い価格でお客がどっと寄って来るなら，ボクはパンの価格を 20 円にする。これならすべてのお客はボクのものだ。ワッハッハ。

それも残念ながらうまくいかないんじゃないかな。どのパン・メーカーも採算割れギリギリの激しい価格競争をしている。コストを下回る価格をつけると倒産しちゃうよ。かといって，逆にさっきみたいに価格を高くすればお客はあっという間にいなくなる。

それじゃ，どうしようもないじゃないか。

それが「プライス・テイカー」の意味なんだ。価格は市場が決める。市場価格より高くても低くてもやっていけない。ぽっぽーはその価格を受け入れることしかできないんだ。それが企業行動の前提となる。

でも，他のお店のパンと違う味にしたり，広告を出して宣伝してみたり，品質を落としてコストを下げたりすれば，自分の好きな価格をつけることができるんじゃないですか。

そうだよね。それは「**製品差別化**」と呼ばれる企業戦略だ。その分野を知りたければミクロ経済学の応用分野である産業組織論を勉強すればいい。しかし，ミクロ経済学の基本を学ぶのがここでの目的だから，すべてのパンは同じ品質で作られていると考えることにしよう。

それから先生，パンのお店が何百何千店も日本中にあるとし

ても，その場所はバラバラですよ。北海道にあるパンのお店に，九州の人が買いに行くことはないでしょう。

　それもそうだ。企業の立地のことを知りたければミクロ経済学の応用分野である経済地理学や都市経済学，地域経済学を勉強すればいい。しかし，これもさっきと同じ理由で立地の違いは考えないことにするほうがここでは理解が早くなるので，それは考えないことにしよう。

　うーん。残念だけど，製品差別化や立地のことを知るためには，まずはミクロ経済学の基礎が必要なのかぁ。

　さあ，ぽっぽー社長。パンの市場価格はいま 850 円だよ。さっきと同じ高級食パンだということにして，これは与えられた価格だ。表Ⅳ-1（77 ページ）に，パンの価格 850 円を（d）列に付け加えたのが表Ⅴ-1 だ。

　市場価格が 850 円かぁ。社長としては不満だけど，他社との競争があるから相場を受け入れるしかないんだな。

　では最初の 1 単位からの生産を考えようか。最初の 1 斤目を生産すると，（c）列にあるように費用が追加で 300 円かかる。一方，これを売ったら追加の収入が 850 円だ。ぽっぽー社長はこのとき 1 斤目を生産するだろうか。

　そうですね。かかったお金が 300 円で，売って手に入るお金が 850 円だから，差し引き利潤は 550 円となるので，作ります。

　それでは 2 斤目はどうだろうか。

（単位：円）

(a) パンの量	(b) 費用の総額 （総費用）	(c) 総費用の増加 の差額 （限界費用）	(d) パンの価格	(e) 追加の生産で 得られる利潤 の増加分 （(d)−(c)）	(f) 利潤の 累積値
1	300	300	850	550	550
2	700	400	850	450	1000
3	1200	500	850	350	1350
4	1800	600	850	250	1600
5	2500	700	850	150	1750
6	3300	800	850	50	1800
7	4200	900	850	−50	1750
8	5200	1000	850	−150	1600
9	6300	1100	850	−250	1350
10	7500	1200	850	−350	1000
11	8800	1300	850	−450	550
12	10200	1400	850	−550	0

費用は出ていくお金だからそれは（c）列の 400 円で，収入は入ってくるお金だからそれは 850 円だよ。

そうか。差し引き利潤は 450 円だから作ります。

じゃあ，3 斤目はどうだろうか。

この場合は追加で出ていくお金が 500 円で，追加で入ってくるお金が 850 円ですね。

出ていくお金が 500 円，入ってくるお金が 850 円か。ということは差し引き 350 円分の利潤が手元に残るわけだ。じゃ作るよね。

じゃ，このままどんどんいって，6斤目はどうだろうか。

うーん，かなり追加で得られる利潤は減ってきたね。入ってくる収入は850円だけど，出ていく費用は800円もするよ。

それでも差し引きたった50円だけど利潤が出るから，ギリギリ作ります。

もう一声！　7斤目はどうする？

入ってくる収入は850円。出ていく費用は900円。あ，ここで逆転しちゃった。

そうなると，手元に残るのは利潤じゃなくて損失だよね。50円損するからもう7斤目は作りません。

そうだね。それが賢明だよね。このように「<u>生産者（企業）は自己の利潤を最大にするように行動する</u>」ことがわかる。さすがぽっぽー社長。経営のセンスは抜群だ。7斤目以降を作り続けると手元に損失が積もっていくばかりだから，7斤目以降は作らないのが得策だよね。こうして，追加1斤ずつの生産のたびにぽっぽーの手元に残る利潤，または損失を書いたのが（e）列だ。そして，その累積値が（f）列になる。（f）列を見てみよう。ぽっぽーが得られる利潤が一番大きくなるのは6斤目だよね。

わが社の最適生産量はパン6斤である。なんか，ちっちゃな企業だなー。

ここでも単位はどうでもいいんだよ。6は60でも600でも

■ 図V-1 価格が 850 円ならどこまで作って売るかな？

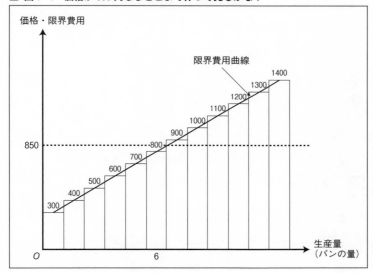

6000 でも 60000 もいいよ。大切なのは数字の絶対量ではなくて，その変化とそれに対応する企業行動だ。

🥐 よし！　わが社は「Yザキ製パン」や「S島製パン」なんかに負けないぞー。

😊 これまでのことをグラフにしたのが図V-1だよ。図V-1からなにがわかるかな。ヒントは，棒グラフの上に乗っかっている斜めの線は限界費用曲線だということだよ。

利潤を一番大きくするには

🥐 ハーイ。消費者の行動分析と同じということだったから，すぐにピーンときたよ。<u>生産者は価格と限界費用が等しくなる点</u>

で生産量を決める<u>んだ</u>。価格の水平な点線と限界費用曲線が交わったところで生産量を決めると，利潤が最大になるんだ。

おみごと！　その通り。

エッヘン。

ただ，先生。ものすごく細かいことですけど，価格と限界費用が一致したところまで生産すると利潤が最大ということですが，グラフを見たらわかるように一致していませんよ。

そうだね。確かに価格と限界費用は一致していない。というか，そもそも表V-1の例では一致することができない数値例になっている。しかし，ぽっぽー社長が図V-1のように6斤しか生産しないというのは現実的だろうか。商品にもよるけれども，数千単位，数万単位で作って売るのが普通じゃないかな。

そうですよ。わが社は大会社です。数万食単位で製造して，お客様に喜んでいただいております。

そうなると，わずか数センチ四方のグラフに数万単位の生産量を詰め込むと棒グラフの幅はどんどん細かくなっていって，最後には1本の線みたいになるよね。

そうか！　だからきめが細かくなって図Ⅲ-3（54ページ）に出てきたように直線状態になって価格と限界費用が等しくなることがはっきりするんですね。

そうなんだ。これは限界効用のところと一緒だよ。ところで，企業は限界費用をいちいち電卓叩きながら計算して価格と比較

しているのかな。

先生，その手には引っかかりませんよ。限界効用のところで
血糖値と食事の例を説明してくれたじゃありませんか。限界費
用を企業がいちいち計算しているわけではなくて，企業行動を
経済学者が限界費用という言葉で説明したということでしょう。

ハハハ，ごめんごめん。ちゃんと話を聞いていたかどうか，
理解度を試しただけなんだよ。

相変わらず人が悪いなぁ。

ハイ。それで学生たちからは嫌がられております。話を元に
戻そうか。企業は利潤を最大化するために価格と限界費用が等
しくなるまで生産すればいい，ということだったね。

わが社のコンサルタント，タケウチ君の言う通りだよ。

パンの値段が変わったら

ということは，利潤を最大にするためには，価格が変われば
それと等しい限界費用に対応する量を生産すればいいことにな
るね。そのことからなにがわかるかな？

価格が変われば，それによって生産する量も変わるというこ
とか。なんかさっき同じようなことをやった気がするぞ……。

そうそう，なんだったかな？

あ，価格が変化すると，消費者がその価格に応じて消費量を
変えているというのが需要曲線だったんだよね。ということは，

価格が変化すると生産者がその価格に応じて生産量を変えるのだから……。

あっ，そこでストップ。ボクが言おう！　それって，**供給曲線**。

ぽっぽーとホッホーは名コンビだね。価格の変化にしたがって企業が生産量を変える。だから価格と生産量つまり供給量の組み合わせの点をつないでいくと供給曲線ができるというわけ。需要曲線と対応させると，供給曲線は，ある価格が与えられたときに生産者がどこまでの量を作るかを示した曲線だ。

なんだ，じゃあ供給曲線って限界費用曲線と同じじゃない。

これまたご明察。供給曲線は限界費用曲線と一致するんだ。実は私たちは限界費用曲線を手に入れた段階で，すでに供給曲線を手に入れていたわけだ。

まったく同じセリフを消費者行動のところで聞きましたよ。

消費者行動と生産者行動って考え方がそっくりだって言ったよね。

なるほど。

ただ，厳密に言うと限界費用曲線のすべてが供給曲線に一致するわけじゃない。限界費用曲線の一部が供給曲線と一致するというほうが正確には正しい。でもここではあまり立ち入った話はできないので，単純に一致するだけでいいとしておこう。さて，消費者のところでやったこととまったく同じように，図

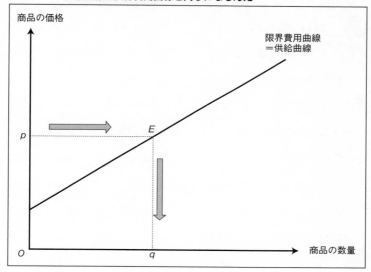

■ 図Ⅴ-2　供給曲線は限界費用曲線と同じになるんだ

商品の価格

限界費用曲線
＝供給曲線

p ·········· E

O　　　　　　　　　　　q　　　　　　商品の数量

　Ⅴ-1 では棒グラフがデコボコしていてしていて見にくいから，もっと簡単に描いたのが図Ⅴ-2 だ。縦軸に商品の価格，この場合はパンの価格だね，横軸には商品の数量，この場合はパンの量をとる。右上がりの斜めの線が供給曲線イコール限界費用曲線だ。前にも言った通り，簡単にするために限界費用曲線は直線にしてある。だから供給曲線も曲線じゃなくて「供給直線」になっているけれど，直線は曲線に含まれるし，供給曲線はつねに右上がりならば，どんな曲線でも構わない。

　いまの先生のセリフも，前にそっくりそのまま聞いたよね。需要と供給という言葉，限界効用と限界費用という言葉が入れ替わっているだけなんだよね。

そうだね。その対称性を楽しんでもらいたいな。

 それじゃ，さっきと同じように私の出番ですね。図V-2だと，価格が p のときは q まで生産することが生産者の合理的な行動というわけですね。

 そうだね。そして消費者行動のときと同じように，図V-2を見るときには注意してほしい。需要曲線と同じように，供給曲線も縦軸を先に読んでそれから横軸を読むということだ。なぜならば，これまた需要曲線の場合と同じように，生産者は市場価格を与えられて，その下で自分の限界費用曲線を考えて生産量を決めるからだ。

 だから，図V-2の矢印の方向も図Ⅲ-2（47ページ）の矢印と同じになっているんだね。

供給曲線を手に入れた！

 これで供給曲線の誕生だ。消費者のところと同じように言葉の整理をしておくと，これまで出てきた「生産量」「供給量」という言葉は同じことを言っていて，横軸に表すことができる。それから，販売量と生産量を同じように考えているから，単純化のためにここでは在庫はないものとして考えている。

 そりゃ，わが社は在庫なんか持ちませんよ。パンは新鮮さが第一です！

 ぽっぽーの会社のパンを食べてみたいもんだな。

いま話をしていたのはぽっぽーの会社だけの供給曲線，つまり，生産者個人の供給曲線だね。それでは，市場全体の供給曲線はどうなっているだろうか。

なんとなく想像はつきます。

だって，消費者のところととても似ているもんね。

だからといって省略してしまっては不親切だろうから，同じように考えてみよう。市場にはぽっぽーの企業だけではなくて，他の企業も同じように商品を生産している。たとえばイタチ印のパンやネズミ印のパンも市場で供給をしているわけだ。

なんだかイタチ印やネズミ印のパンなんて食べたくないな。

いや，ここでは作られているパンはすべて同質と考えているから，社長がイタチでもネズミでも関係ない。市場全体の供給曲線というのは，ある価格が与えられたときの市場全体の供給量を表すものだ。だから，市場全体の供給量は各企業の供給量の合計となる。世の中にはいろいろな企業があるから，限界費用もいろいろだよね。だから，同じ価格が与えられても，それぞれの生産量は違ってくるのが普通だ。たとえば，パンが850円なら，ぽっぽーの会社は6斤を生産するけれども，イタチ印は2斤生産かもしれないし，ネズミ印は1斤生産かもしれない。

よしよし，わが社が生産量1番だ。でも6斤だけ生産ですか。

6斤というのは，これまで言った通り単位はなんでもいいよ。100斤単位だとしたら600斤になるし1000斤単位だと6000斤

だね。さて，もしこの市場の生産者にはぽっぽーとイタチとネズミしかいないとすれば，価格が850円のときの市場全体の供給量は6+2+1=9で9ということになる。

たった3社ですか。

もちろん，いまのは単純化したときの話だ。市場全体では何千何万という企業がいてもおかしくないから，市場全体の供給量はかなり大きくなるだろうね。でも，ある価格が与えられたときの個々の企業の供給量を合計することに変わりはない。図V-2は個々の企業の供給曲線だから，これらを合計して市場全体の供給曲線を求めるには，図V-2のような個々の企業の供給曲線を水平に，つまり横軸方向に合計すればいいことになる。そうすると，縦軸の目盛りはそのままだけれども，横軸の縮尺はギュッと縮めて，1つの企業の供給曲線と同じように市場全体の供給曲線も右上がりになるよ。

そうか。ここでも1つの企業の供給曲線と市場全体の供給曲線では，横軸の距離感がかなり違うんだ。

なんだ，供給曲線なんて偉そうな名前がついているけれど，考え方は需要曲線とそっくりじゃないか。それじゃまた企業の幸せが供給曲線を使って面積がどうたらこうたら，なんて言い出すんじゃないですか，先生。

おっ，鋭い。そうなんだよね。またまた同じ考え方の登場だよ。需要曲線のときは消費者の目的は効用の最大化だったよね。

一方，生産者の目的は利潤の最大化だ。ということは，生産者の利潤を供給曲線を使って面積で表すことができる。これを考えてみよう。

なんだか想像がつきますね。

利潤が面積で表される

ボクだって想像できるよ。消費者のときと同じように考えればいいんだから。

ぽっぽー，そのように想像できるということは，もう消費者行動の理論をしっかり理解しているということになるね。すごいよ。

フフフ……。

ただし，その想像が当たっていたら，の話だけどね。

たしかにそうだね。今回もまたまたパンの例だ。消費者行動のときと同じように，1企業，つまりぽっぽーの会社1社の供給曲線で考えよう。ぽっぽーは最初の1斤目で得られる収入850で，費用としておサイフから出ていくのが300だったから，差し引き550の利潤が手許に残る。そうだよね。

そう，そう。儲かった，儲かった。

ということは1斤目で550の利潤を得たことになる。同じように2斤目で入ってきた収入から出ていく費用を引いて手許に残った追加の利潤が450，3斤目で350となっていって，最終

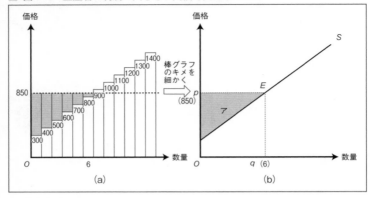

的に 6 斤目の 50 でおしまいにしたんだよね。ということは
550＋450＋350＋250＋150＋50＝1800 で合計 1800 の利潤を得
たわけだ。

 それは表V-1 の（f）列にも出ていますよね。

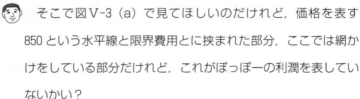 そこで図V-3（a）で見てほしいのだけれど，価格を表す
850 という水平線と限界費用とに挟まれた部分，ここでは網か
けをしている部分だけれど，これがぽっぽーの利潤を表してい
ないかい？

 ホントだ。そうなってますね。

 やったー。想像通りだぞ。

 図V-3（b）は，棒グラフの幅をかぎりなく小さくして限界
費用曲線をなめらかにした場合だ。限界費用曲線は供給曲線と
同じだから，ここではこの曲線を供給曲線 S として表してい
る。この図V-3（b）では，三角形アの面積が企業の利潤とな

っている。ぽっぽーはパンを6斤生産して販売することで850×6＝5100の収入が入ってくる。その一方で費用がかかる。その合計は表V-1（b）列の6斤目のところに書いてある通りで，合計で3300の費用がかかる。入ってくる金額は5100で，おサイフから逃げていく金額は3300だから差し引きで1800の利潤が出る。入ってくる収入から出ていく費用を引いた余りがぽっぽーの手もとに残る。これをミクロ経済学では「**生産者余剰**」と呼んでいる。

　ここでも手もとに残る余りだから「余剰」なんだね。

固定費用を忘れちゃいけないよ

　でも先生，疑問があります。確かにパンを作るには小麦粉なんかの原材料の費用があって追加で1つ多く作ると費用が追加でかかるから，これまでのお話はわかります。でも，ぽっぽーのパン工場の土地や，パンを作る機械なんかは最初にいきなり大きな金額がかかりますが，それはこの計算に入っていませんよ。

　あー，大変だ。儲かったと思ったら工場や機械の費用のことを忘れていた！　タケウチ君，キミは経営コンサルタントとして失格だ。クビにする！

　あ，いや，ぽっぽー社長待ってください。まだ住宅ローンが残っているんですぅー。

まあまあ，ぽっぽー社長，先生の意見も聞きましょう。

 確かにホッホーの言った通りなんだよ。費用には**可変費用**と**固定費用**という2種類の費用がある。可変費用というのは生産量に応じて変化する費用のことで，たとえば，原材料費やパート・アルバイト労働者の時給などが当てはまる。一方，固定費用というのは生産量にかかわらず一定にかかる費用で，工場や店舗の土地の購入費用や建設費用などが代表的な例になる。

それじゃ，固定費用は生産量を変化させても変化しないから，やっぱりこれまでの計算には入っていないよね。

そう，固定費用に関しては，限界費用はゼロになるんだよ。変化しないからね。それで，これまでのグラフのなかでは考えることができなかったんだ。だから，生産者余剰イコール利潤と考えてもらっては困るわけで，利潤は生産者余剰から固定費用を引いた部分となる。生産者余剰イコール利潤となるのは，固定費用がゼロのときだけなんだよ。

 その点はさすがに消費者余剰と対称的ではないのですね。

 イヤー，危うく利潤を過大評価して粉飾決算になるところだったよ。

その点さえ注意してもらえれば，あとは消費者余剰と同じように考えていくことができるよ。消費者余剰のところでは，価格が下がると消費者の幸せがどこに現れるかという話をしたね。同じように生産者余剰を使って，価格の変化で生産者の幸せ，

■ 図Ⅴ-4　生産者の嬉しさが現れるところは？

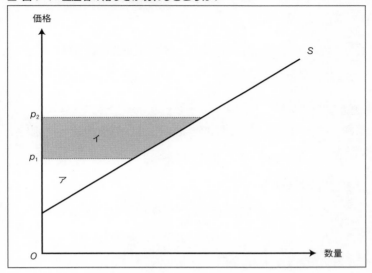

つまり企業の利潤がどう変化するかを最後に見てみよう。

　図Ⅲ-4（57ページ）の生産者バージョンですね。

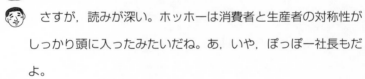　さすが，読みが深い。ホッホーは消費者と生産者の対称性が
しっかり頭に入ったみたいだね。あ，いや，ぽっぽー社長もだ
よ。

　なんか，取ってつけたみたい。

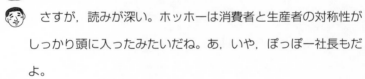　生産者はどうして価格が上がると喜ぶのかということを，生
産者余剰を使って明らかにすることができる。図Ⅴ-4を見て
みよう。最初の価格が p_1 だとすると，このときの生産者余剰
は三角形の面積アだよね。ところが価格が p_2 に上昇したとす
る。このときの生産者余剰は三角形の面積ア＋イだから，台形

の面積イだけ生産者余剰が増加する。それで生産者は価格が上がると嬉しくなる。

ということは，市場価格が上昇するとぽっぽー社長が笑顔になる。その笑顔がこの台形の面積になるのですね。

ボクの笑顔が面積に化けちゃうんだ。すごいな。

さっきはぽっぽーが消費者だったから価格が下がって嬉しかったんだけれど，今度はぽっぽーは生産者だから，価格が上がったら嬉しくなる。

そうかー，消費者は価格が下がると喜ぶし，生産者は価格が上がると喜ぶんだ。まったく喜び方が反対だよね。あちらを立てればこちらが立たず，世の中うまくいかないよなー。

それじゃ，一体どの価格ならばいいんでしょうかね。

そこなんだよ。それをこれから考えていこう。つまり私たちはこれまでに需要曲線という武器と供給曲線という武器を手に入れた。この2つの曲線が出会うところが市場ということになる。ここからいよいよ市場メカニズムの話ということになるのだけれど，かなり疲れたと思うし，時間も遅くなったから，今日はこれくらいにしておこうか。いろいろと初めて勉強することばかりで大変だったね。今日の夕食はぽっぽーのリクエストにお応えして，豆料理を食べに行こうか。

やったー！　ボクの疲れの限界費用がずっと上昇中だったからね。

人間を分類すると	モノを使う人	モノを作る人
難しく言うと	消費者	生産者（企業）
何をしたいの	幸せになりたい	利益を得たい
最終目的は	幸せ（効用）の最大化	利潤の最大化
その目的のために考えるのは	限界効用	限界費用
目的達成のためには	価格＝限界効用	価格＝限界費用
その結果得られたのは	需要曲線	供給曲線
幸せの大きさを表すのは	消費者余剰	生産者余剰
それはどこにある	価格の水平線と需要曲線に挟まれた面積	価格の水平線と供給曲線に挟まれた面積

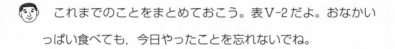　これまでのことをまとめておこう。表Ⅴ-2だよ。おなかい

っぱい食べても，今日やったことを忘れないでね。

CHAPTER Ⅵ

幸せになりたい人と
利益を得たい人との出会い
——市場

市場ってなあに？

いやー，昨日は先生のおごりだっていうから，ボクの大好物の豆料理をもういらないというくらいまで，何回もおかわりしちゃったよ。

「もういらない」ということは，そのときの限界効用はゼロだったというわけだよね。私のおごりということで価格はゼロ

だから，価格と限界効用が等しくなるまで食べたっていうわけ
だ。ぽっぽーはまさにミクロ経済学の教える通りに行動した。

なるほど，もうすでにミクロ経済学の分析通りにぽっぽーは
行動していたというワケなんですね。

ミクロ経済学が日常の生活に密着していることがわかったよ。

さあ，気分を新たにしてミクロ経済学の勉強を始めようか。
これまで「市場メカニズム」という言葉を使ってきたけれど，
「市場メカニズム」のなかにある「市場」ってなんだろうね。

知ってますよ。東京なら築地から移転した豊洲市場，京都な
ら錦市場，青森や函館なんかにある朝市も市場かな。

ぽっぽーは食べ物を売っているところばかりだね。他にも株
式市場とか，外国為替市場なんかもあるんじゃありませんか，
先生。

どちらも「市場」だと思うよ。ぽっぽーのは「しじょう」と
いうよりも「いちば」って感じだけどね。市場メカニズムは，
もちろん「シジョウメカニズム」と読む。ぽっぽーやホッホー
が挙げてくれた例はどれも市場なんだけれども，少し範囲が狭
いようだね。

まだ他にも市場なんてあったかな。「市場さん」なんて苗字
の人もいるけど。

苗字は別として，なにも「市場」という名前がついているも
のだけが市場じゃないよ。経済学でいう市場はいつでもどこに

でもある. 正確に言えば, いつでもどこにでも出現すると言っていいかもしれない。

🎓 　私が例に出した株式市場や外国為替市場は, 取引の日や時間が決まっていますけど。

😊 　そうだよね。しかし市場は時や場所を選ばないんだ。もちろん株式市場も外国為替市場も市場に含まれるけれどね。消費者と生産者が, つまり, 需要曲線と供給曲線が出会えば, それはいつでもどこでも市場なんだよ。

🐤 　そんなこと言ったら, 市場なんて無限にあるじゃないか。

😊 　そう, 市場は無限にある。たとえば, ぽっぽーが有斐閣の公式キャラクターの座をネット・オークションに出すとする。これはもう市場だよ。

🐤 　先生, その例はやめて！　社長に怒られる。

🎓 　なるほど。ネット・オークションは時間も場所も基本的に決まってませんよね。

🐤 　やめてってば！

😊 　売りたい人と買いたい人が出会って価格が決まるのだから, それは市場だ。

🎓 　じゃあ, 私の友だちのツルが羽を使って織ったすばらしい着物を売りに行っても市場ですか。

😊 　それも市場だよ。

🐤 　じゃあ, ボクが好きなアイドルにプレゼントしても市場です

か。

いや，それはちょっと違うかもしれない。価格の出番がない
からね。でも目の前でお金のやりとりをしなくても市場にはな
る。たとえば，鉄道に乗る人が IC カードで自動改札を通ると
きだって市場だし，とにかく需要と供給が出会えばなんでも市
場になると考えていいよ。

そうか，それじゃあ市場なんてどこにでもあるんですね。

そう言っていいと思うのだけれども，ちょっと注意が必要だ
よ。市場と言ってもそれにはいろいろな形がある。とくにミク
ロ経済学で最初に中心的に取り上げる市場は「**完全競争市場**」
という市場だ。

カンゼンキョウソウシジョウ？　ボク，競走は得意だよ。走
るんじゃなくて飛ぶほうだけどね。

いや完全競「走」市場じゃなくて，完全競「争」市場だ。そ
れ以外は「**不完全競争市場**」と呼ばれる。

一体，完全競争市場っていうのはどんなものなんですか。

完全競争市場であるためには

いろいろと分け方はあるのだけれど，完全競争市場というの
は次の 4 つの条件を満たす市場のことだよ。

(1)　財の同質性

(2)　多数の生産者・消費者の存在

(3) 情報の完全性

(4) 参入・退出の自由

なんだかワケのわからない言葉ばっかりだな。

少し長くなるけれども，大切なことだから1つ1つ検討して

いくことにしよう。ミクロ経済学はこれを基礎としているから

ね。まずは（1）の財の同質性だ。これはどの生産者が作った

商品でも，その市場ではすべて同じ商品である，ということだ。

つまり，どの生産者が作ったか見分けがつかないくらい外見も

中身もそっくりだということ。

そりゃ，そうでしょうね。違う商品だったら，また違う市場

ができちゃうわけだし。

そういうこと。ぽっぽー社長が，お気に入りのお客さんにパ

ンのなかでできのいいものだけを特別に売ったら，もうそのパ

ンは同質の商品じゃないよね。

私はお客様を分けへだてしません！

それにまったく同じ商品でも，送料を無料にしたり，保証期

間を長くしたりすることがあるけれども，そうした付帯的なサ

ービスもすべて同じということだよ。

なかなか窮屈だね。

次に（2）にある多数の生産者・消費者の存在だ。ぽっぽー，

もし君が市場でたった1つの企業のぽっぽー社長だったらどう

する？

やりたい放題。売りたい放題。一番儲かるように価格をつけちゃうな。

じゃ，逆に君が市場でたった1人の消費者だったらどうする？

やりたい放題。買いたい放題。効用が一番大きくなるように企業から買いたたいちゃうぞ！

そうだよね。市場メカニズムというのは市場で生産者と消費者がそれぞれの目的に合った行動をして，そのなかで自動的に決まるものだよね。でも，いまの場合は……。

確かに市場ではなく，1つの企業が価格を決めたり，1人の消費者が価格を決めたりしていますよね。

少数の場合も同じだよね。ごくわずかの企業や消費者が価格を決めることになるから，市場メカニズムの力で価格が決まるというわけにはいかない。

「見えざる手」っていうヤツですね。

「見えざる手」という言葉は，18世紀に「近代経済学の父」と呼ばれるイギリスのアダム・スミスという人が，いわゆる『国富論』という本のなかで述べた言葉だ。この言葉は，個人が自分の利益だけを考えて行動しても，それがあたかも見えない手に導かれるように社会全体の利益の最大化をもたらすことを象徴的に表した言葉だ。よく知っているね。

少数の生産者や消費者なら，「見えざる手」が丸見えだよね。

完全競争市場は市場の力，つまりいま言ってくれた「見えざる手」で価格を決めることができるように，市場には多数の消費者や生産者がいることが必要なんだ。

　　消費者の場合は，市場の力で決まった価格が与えられて，その下で効用最大化のために行動するし，生産者の場合は，市場の力で決まった価格が与えられて，その下で利潤最大化のために行動するんでしたよね。

　　そう。完全競争市場では消費者も生産者も価格を受け入れるだけの人，つまり「プライス・テイカー」じゃなきゃいけない。

　　やりたい放題ならいいのになー，完全競争市場じゃ儲かりそうもないや。

　　そうだよね。だから企業は第1の条件だった財の同質性を破って自企業の商品と他企業の商品との違いを強調して消費者を囲い込み，完全競争市場を抜け出そうとするんだよ。これがさっき出てきた製品差別化戦略だ。

　　それで，企業は儲からない完全競争市場を嫌って広告費をたくさんかけたり，ポイントカードを作ったりするんですね。そういうことなのかぁ。

　　そういうことになるね。さて，(3)の**情報の完全性**だ。情報の完全性とは，商品の内容や取引に関するすべての情報が市場の消費者と生産者全員に同時に行き渡っている，ということだ。

　　まあ，確かに秘密になっている情報があると対等な取引がで

きなくなることは想像できますが，「同時」ってことはいちいち言うほど大事なのですか。

とっても大事だよ。たとえばインサイダー取引を考えてみよう。よくあるのは企業の内部情報をいち早く手に入れて，株式市場でその企業の株を売り買いして利益を得るというような行為だよね。これは最終的には情報は完全になるけれども，一時点では情報を持っている人といない人がいる。

そんなの不公平じゃないか。

そう。だからこれは処罰される。ただ，それは不公平だからという理由だけじゃない。その理由は後になったらわかるよ。さて，この情報の不完全性と親戚筋にあるのが**情報の非対称性**だ。

なんですか，それ。

たとえば，売り手に大量の情報があって，買い手にその情報がない場合，情報の量がアンバランス，つまり非対称になっているよね。そんな場合のことだよ。もちろん逆の場合もあるけど。

じゃ，両方に情報が行き渡るようにすればいいんじゃない？

ところがそうはいかない。たとえば医療サービスを考えてみよう。お医者さんは医学に関する大量の情報を持っている。一方，素人の患者さんはそんな情報を持っていない。情報を行き渡らせようとしても，患者さんはお医者さんと同じ情報を持つ

ことは，とうていできない。

🎓　病気してから勉強を始めたら，時間がかかりすぎて死んじゃいますよね。

😀　そうそう。ボクの頭のロケットが突然発射したとき頭にヤケドして診てもらったら，難しい言葉で説明してくれて全然わからなかったよ。でもお医者さんにしたがうしかないもんね。

🎓　やっぱりそのロケット飛ぶんじゃない。

😀　え，なんかそんなこと言ったかな？

🙂　まあ，とにかく情報の非対称性がある場合は，市場がうまく機能しないことが明らかになっているので，政府などの公共部門が介入することが多い。

🎓　たしか，日本の保険診療って点数制で市場価格じゃ決まっていないですよね。なるほど，そういうわけか。

🙂　さっき言ったように逆の場合もあるよ。損害保険会社が売り出しているクルマの損害を補償する保険商品を，自分で乱暴な運転をする不良ドライバーだとわかっている消費者がそのことを隠して購入する場合なんかだ。

🎓　確かに，この場合は売り手の知らない情報を買い手のほうが持ってますね。

😀　でも，保険商品には政府などの公共部門の介入はあまりなさそうだよ。

🙂　それで，保険会社は買い手がゴールド免許のときに保険料を

安くしたり，無事故を続けたときにはお祝い金を進呈したりして，できるだけ情報の非対称性をなくそうとしているんだ。

保険会社のいろいろな行動も，ミクロ経済学を使うと丸わかりですね。すごいもんだな。

最後は（4）の**参入・退出の自由**だ。これは早い話が，「来る者は拒まず去る者は追わず」という条件だよ。消費者も生産者も，市場に入ったり出たりするのに障害がないということだ。

確かに企業の場合はイメージが湧きますが，消費者の場合はちょっと。

いやいや，みんないつもしていることだよ。スーパーに行ってお買い物をしていればその商品については市場に参入していると言ってもいいし，買う物がなくてやめたときは退出したと考えればいい。

何日か前に公園の隣にあるお店に豆を買いに行ったんだけど，そのときは高すぎて買うのをあきらめたもんね。そのときは豆市場からボクは退出したわけだ。

そのときお店の人から「豆だったら隣の公園で撒いてる人がいますよ」なんて言われなかったかい？

言われちゃってね。失礼なので怒ったら，モンスター客が来たと思ったのか，その人が売り場から退出しちゃったよ。

ハト族も何かと大変なんだね。それはともかく，この条件がないと，需要量と供給量が柔軟に変化しないから，価格も市場

の力で思うように動けない。簡単に言えば，価格が市場環境に応じて柔軟に動くことができるために必要な条件といってもいいかな。ちょっと乱暴だけれど。もっと詳しく知りたかったら**「超過利潤」**や**「長期均衡」**という言葉で調べてみてね。

でも，参入や退出なんて簡単なんじゃないかな？　お店なんか誰でもすぐに始められるじゃない。それって参入でしょ。

ところがそうでもないんだよ。たとえば特許という権利がある。特許はある商品を作るときに必要な技術なんかだから，それがないと商品が作れない。こうした権利が政府によって保護されているので，勝手にその技術を使って商品を作って市場に参入するわけにはいかない。それから，政府による直接的な**参入・退出規制**というものもある。さらに言えば業界団体に入っていないと営業できないことがあったり，たいていは違法だけれど，既存の企業が新規参入企業に市場から出ていくようにイジワルしたりすることもある。意外に参入・退出の自由というのは業界によって厳しいものがあるよ。

ヤッホー，ぽっぽー社長はパン市場にもう参入しちゃってるよ。

そうだね。さて，以上で，完全競争市場の条件の説明はおしまいだ。これからはこれらの条件が満たされているものとして考えていくことにしよう。

いよいよ需要曲線と供給曲線がお見合いするわけですね。

需要曲線と供給曲線が出会うと？

そう，この2つの曲線が出会うとなにかが起こる。生まれて
くるのは価格だよ。面白いことに，市場メカニズムを使うと，
なにもしなくても価格が自動的に決まってしまうんだ。さっき
ホッホーが言っていた「見えざる手」だね。見えない手に導か
れるように自然と価格が決まっていく。どのようにして価格が自
動的に決まっていくのかをこれから考えていこう。

自動的に価格が決まっていくということは，どんな価格でも
最終的には1つの価格に落ち着くということ？

その通り。完全競争市場だと，どんなに高い価格でも低い価
格でも需要曲線と供給曲線が力を及ぼし合って，最終的にはた
った1つの価格に落ち着いてしまうよ。

へぇー，どうやってそうなるのか見てみたいな。

よろしい。ではやってみよう。商品はパンでもなんでもいい
よ。最初は高すぎる価格だ。図VI-1を見てみよう。縦軸に価
格をとっているけれど，ここでの価格は p_H だからかなり高い
よね。

これじゃ消費者はかなり不満でしょうね。

さて，完全競争市場では消費者も生産者もプライス・テイカ
ー，つまり価格を受け入れるしかできない立場にいることに気
をつけよう。そして思い出してほしいのは，需要曲線は限界効

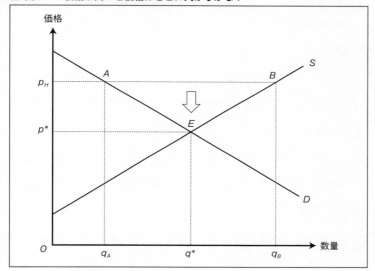

用曲線，供給曲線は限界費用曲線だったということだ。

🎓　でも，ここでの需要曲線と供給曲線は個人のではなくて，市場全体の需要曲線と供給曲線ですよ。

😃　そうだね。だから市場全体の需要曲線と供給曲線は，言ってみれば市場全体の限界効用曲線と限界費用曲線というわけで，これらは消費者個人と生産者個人の限界効用曲線と限界費用曲線が水平方向に合計されたものと考えればいいんだ。わかりにくかったらクローン・ぽっぽーを考えればいいかもしれないね。

😃　クローン・ホッホーさんにしてほしいな。

😃　たとえ話だから気にしないでね。そうだとすれば，市場全体の需要曲線イコール限界効用曲線と供給曲線イコール限界費用

曲線は，それぞれの消費者個人と生産者個人の限界効用曲線と限界費用曲線を水平方向に整数倍したものにすぎないから，個人と同じように考えても変わらないことになるでしょ。

なるほど，わかりました。ということは，消費者は価格と限界効用を等しくすれば効用を最大にできるから，需要曲線イコール限界効用曲線だってことを考えて，縦軸の p_H 点から出発してズズズッと右方向に向かって，需要曲線とぶつかった A 点から下に降りて行ってっと，そのまま横軸にぶつかったところ，つまり q_A まで消費すれば効用最大ってことですね。

つまり，消費者は q_A まで買うと効用を最大にできるから，その量まで商品を買いたいと思っている。ホッホー，生産者のほうはどうだい？

生産者は価格が限界費用と等しくなる点まで生産すれば利潤を最大にできますよね。そして限界費用曲線は供給曲線だから，縦軸の p_H 点から出発して右方向に進んでいって，供給曲線とぶつかった B 点から下に降りて横軸とぶつかった q_B まで生産すれば利潤最大になります。

ということは，生産者は q_B まで売ると利潤を最大にできるから，その量まで商品を作って売りたいと思っている。だとしたら，どうなるかな。

そりゃ消費者が買いたいと思っている量よりも，生産者がいっぱい作っちゃうから売れ残りの商品があふれちゃうよね。

114

価格が高すぎて買われる量が少ないから，商品がだぶついちゃっているというわけだ。価格 p_H の場合は AB の幅で表される**超過供給**が起きている。そうなると，なにが起こるかな。

そりゃ，ぽっぽーのような食いしん坊の消費者が生産者の足もとを見て買い叩きますよね。

そりゃないでしょ。

そう，商品が余って値崩れを引き起こす。ということは価格が下がることになる。

なるほど，価格が高すぎると安くなるほうに力が働くんだ。

その通り。そして AB という距離があるかぎり，価格は下がろうとして，最終的には AB の距離がなくなる E 点で実現される価格 p^* に落ち着く。

そうか。p^* よりの高い価格なら，どんな価格でも p^* に落ち着いちゃうんだ。

それじゃ，逆に価格が低かったらどうだろうか。それが図VI-2 で価格は p_L だよ。

相変わらず消費者は縦軸の p_L 点から出発して横方向に進んで需要曲線にぶつかった点 G からすぐに下に降りていって，横軸とぶつかった q_G で効用最大だね。

生産者も同じだよね。縦軸の p_L 点から出発して横方向に進んで供給曲線にぶつかった点 F からすぐに下に降りていって，横軸とぶつかった q_F で利潤最大になりますね。

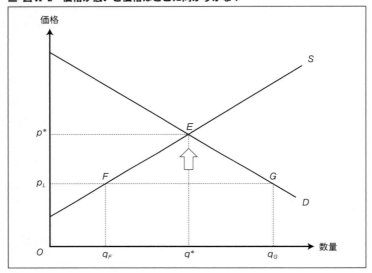

まとめると，価格が p_L のときには消費者が買いたいと思っている量ほど生産者は商品を生産してくれない。つまりこの場合は FG の幅で表される**超過需要**が発生していることになる。つまり，モノ不足だ。そうなると……。

わかった！　ホッホーさんのようなお寝坊さんの生産者が，消費者の足もとを見て高い価格をふっかけるんだ。

あの，お寝坊さんは関係ないでしょ。

つまり超過需要があると，モノ不足で価格が上昇することになる。そして FG という距離があるかぎり，価格は上がろうとして，最終的には FG の距離がなくなる E 点で実現される価格 p^* に落ち着く。

さっきと同じだね。p^* より低い価格なら，どんな価格でも p^* に落ち着いちゃうんだよね。

そうだね。完全競争市場ではどんな方向に価格がずれたって，必ず需要曲線と供給曲線の交点で決まる価格に戻ってくるんだ。この不思議な力が働くので，前に話に出た「見えざる手」という言い方がされるんだよ。この図Ⅵ-1と図Ⅵ-2にある交点 E のことを「**市場均衡点**」と呼び，このときの価格 p^* を「**市場均衡価格**」と呼ぶ。そして市場均衡価格では，超過供給も超過需要も存在しなくて，需要量と供給量は完全に一致する。それが「**市場均衡量**」と呼ばれる q^* だ。

消費者は自分の効用だけを考え，生産者は自分の利潤だけを考えているのに，知らず知らずに「見えざる手」に導かれて引き寄せられていくんですね

アダム・スミスは「見えざる手」と言っていたのだけれど，後世になっていつの間にか「神の見えざる手」と呼ばれるようにもなった。この不思議な力の動きを見ていると，「神の」という言葉を付け加えたくなる気持ちもわかるよね。

「神の」って言葉をつけ加えた人は，市場メカニズムの不思議さによっぽど驚いたんだろうな。

さて，市場均衡点のときに，消費者と生産者の幸せ，つまり消費者余剰と生産者余剰の大きさはどのようになっているだろうか。次に考えてみよう。

CHAPTER Ⅶ

市場メカニズムが社会の幸せ
を大きくする理由

社会の幸せの大きさは？

そうだな。なんとなく予感がするよ。市場均衡点では，かな

り幸せは大きくなっているんじゃないかな。だって価格が高す

ぎても低すぎても，消費者と生産者のどっちかは不満なんだし。

じゃあ，その大きさを図Ⅶ-1で見てみることにしよう。ホ

ッホー，消費者余剰はどのように表すことができたかな。

えーと，需要曲線が直線なら，価格の水平な点線と需要曲線

に挟まれた上に出っ張った三角形になりますね。図Ⅶ-1 でい

■ 図VII-1　社会全体の幸せの大きさはどこに表されているのだろう？

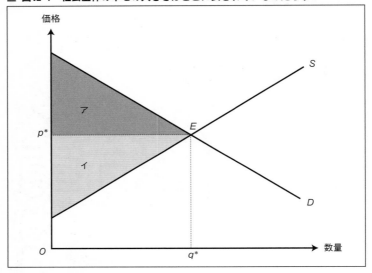

えば，アの面積ですね。

正解。じゃ，ぽっぽー，生産者余剰はどのように表されたか
な。

供給曲線が直線なら，価格の水平な点線と供給曲線に挟まれ
た下に出っ張った三角形の面積だよ。図VII-1のイの面積にな
るね。

これまた正解。最初に言ったように，ミクロ経済学では人間
を消費者と生産者の2つに分類するから，消費者の幸せと生産
者の幸せの合計が社会全体の幸せということになる。それで，
消費者余剰と生産者余剰の合計を「**社会的余剰**」と呼ぶんだよ。
社会的余剰が大きければ大きいほど社会全体の幸せは大きく，

資源が効率的に使われているということになる。

　　ということは，完全競争市場の市場均衡点ではア＋イの面積
が社会的余剰，社会全体の幸せになっているということですね。

　　社会の幸せかー，いい言葉だなー。社会全体の幸せがこれよ
りももっと大きくなればいいんだけどな。ひょっとしたら，ア
＋イの面積よりももっと社会的余剰が大きくなることはあるん
じゃないのかな？　たとえば市場均衡価格以外の価格で社会的
余剰が大きければ，そんな価格が実現できる社会のほうがいい
に決まってるよね。

　　なかなか鋭いね。まだ今の段階では市場均衡価格での社会的
余剰しか求めていないから，これが最大になっているかどうか
わからないよね。だから，次は市場均衡価格以外の価格では社
会的余剰がどうなっているかを見ていこう。またさっきと同じ
ように，市場均衡価格よりも高い場合と低い場合に分けて考え
るよ。

社会の幸せの大きさ比べ

　　市場均衡価格よりも社会的余剰が大きくなる価格があるんだ
ったら，「見えざる手」なんて言っても意味なくなりますよね。

　　だとしたら，あのアダム・スミス先生も大したことないよね。

　　そういうことになるね。まず，市場均衡価格よりも高い価格
の場合が図Ⅶ-2 に示してある。縦軸も横軸も，需要曲線も供

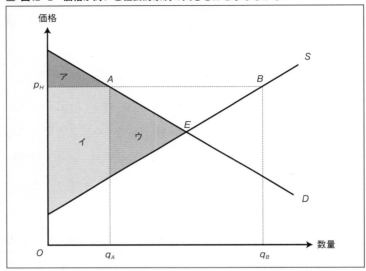

■ 図Ⅶ-2　価格が高いと社会的余剰の大きさはどうなるかな？

給曲線もこれまでと同じだ。ただ，これまでとは違うのは価格が固定されるということだ。市場均衡価格よりも高い価格なら，放っておくと「見えざる手」の力でどんどん価格が下がる力が働くけれど，その力を抑え込んで強制的に価格を維持する必要がある。

　そんなことできるんですか。

　たとえば政府が強制的にある価格で取引をすることを決める場合だ。これを**価格規制**と呼ぶ。これ以外の価格で取引してはダメ，ということ。

　違う価格で取引したらタイホしちゃうぞ，ってわけだね。

　タイホかどうかはわからないけれど，価格規制を守らなかっ

122

たらなんらかのペナルティが課されてしまうと考えておけばいい。具体的な事例としては、市場メカニズムに任せておくと労働の価格、つまり賃金が安くなって生活に困る場合なんかに導入される**最低賃金制**などがある。

それ知ってる。法律の本でお仕事したときに「最低賃金法」って書いてあったのを見たことがあるよ。この法律では一定水準以下の賃金は禁止されているんだよね。

そう、そんなことを想像してもらえればいいね。さて、図VII-2での価格は高めの p_H だ。このとき消費者はどれくらい買いたいかな。

これまで通りの考え方で q_A ですよね。

それから生産者はどれくらい作って売りたいかな。

ハイ、これまで通りの考え方で q_B ですね。

まねしないでよ。

だって、消費者も生産者も考え方は同じだから仕方ないじゃない。

まあまあ。ここでは AB の幅だけ供給超過、つまり商品がだぶついている。だから、普通なら価格が下がる方向に力が働くよね。でも、いまはそれが許されない。

じゃあ、生産者は q_A 以上作っても誰も買ってくれないから作っても意味ないなぁ。

そうだよね。だからこの市場では q_A 以上の商品は取引され

ず，q_A までところで取引は終わりだ。

🎓　ということは，q_A よりも右側は存在しないということですね。

😊　そうなるよね。このときの消費者余剰は？

🤔　アの面積になるな。しかしちっちゃいなー。価格が高いから当然かな。

😊　それから生産者余剰は？

🎓　本当は q_B まで売れたらものすごく大きな面積になるけど，q_A よりも右側はなし，っていうことだから，イの面積になりますね。

😊　ということは，この場合の社会的余剰，つまり社会全体の幸せはア＋イの面積ということになる。

🤔　あれ，完全競争市場のときにあったウの面積はどこに行っちゃったの？

😊　q_B よりも右側の数量では取引は成立しないので，ウの面積はなくなってしまったことになる。それだけ社会全体の幸せが失われたことになるよね。このウの面積のことを「**死荷重**」と呼ぶ。

🎓　なんだか不気味な響きですね。

🤔　「死」なんて，縁起でもないな。

😊　これは「デッド・ウェイト・ロス」という英語の直訳なんだ。なんだかホラー映画のタイトルみたいだけど，生命がなくなる

ということじゃなくて，市場均衡点で本来実現されるはずだった余剰が実現されないということだよね。

やっぱり余剰さんが死んじゃったんだ。かわいそうに。

まあ，社会にとってはかわいそうなことが起こっているといえるかもね。それから面積の大きい小さいという違いはあるけれども，市場均衡価格よりも価格が高ければ，どんな価格でもウという死荷重が必ず発生していることに気をつけてほしい。

つまり，市場均衡価格より高い価格では社会的余剰は市場均衡価格のときよりも必ず小さくなるということですね。

そう。市場均衡価格より高い価格では，社会は市場均衡価格のときほど幸せになれない。さて，次は価格が低い場合だよ。これは図Ⅶ-3 の価格 p_L だ。このとき，消費者はどこまで買いたいかな？

これまで通りの考え方で q_G になるよね。

それじゃ生産者はどれくらい作って売りたいかな。

ぽっぽーのまねじゃありませんが，これまで通りの考え方で q_F です。

ほらね，まねしなきゃしょうがないでしょ。

はいはい，わかりましたよ。

今回は FG の幅だけの超過需要，つまり商品が不足しているわけだから，価格は上がる方向に力が働くよね。でも，いまはそれが許されない。

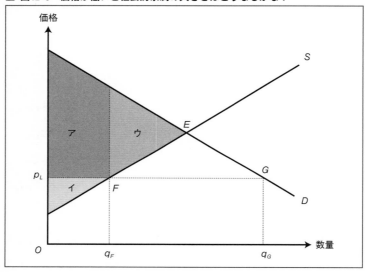

■ 図Ⅶ-3　価格が低いと社会的余剰の大きさはどうなるかな？

価格

p_L

S

E

G

ア

ウ

イ　F

D

O　　q_F　　　　q_G　　数量

　　　ということは，いくら消費者が欲しがっても，生産者は q_F までしか作ってくれないから，市場に出回る商品の量は q_F しかないですね。

　　　そういうことになる。だから，この市場では q_F 以上の商品は取引されず，q_F までのところで取引は終わりだ。

　　　じゃあ，q_F よりも右側はなし，ってことになるね。

　　　そうなるよね。さて，このときの消費者余剰は？

　　　価格が p_L なら消費者は q_G まで欲しいから，企業さんがそこまで作ってくれたら相当大きな面積になるんだけど，今は q_F より右側はなしということだから，アの面積になるよね。さっきよりは大きい面積だな。

126

それから生産者余剰は？

イの面積になりますね。今度はすごく小さい面積ですね。

ということは，この場合の社会的余剰，つまり社会全体の幸せは図VII-3のア＋イの面積ということになる。

またウの面積がどこかに行っちゃったぞ。

そう，さっきと同じように価格が市場均衡価格より低いから，q_Fよりも右側の数量では取引がない。それでウの面積はなくなってしまったことになる。つまりウだけの死荷重が発生する。

また社会的余剰さんが死んじゃったよ。

面積の大きい小さいという違いはあるけれど，市場均衡価格よりも価格が低ければ，どんな価格でもウという死荷重が必ず発生していることにもう一度気をつけてほしい。

さっきと同じですね。市場均衡価格より低い価格では，社会的余剰は市場均衡価格のときよりも必ず少なくなるということですね。

そう。市場均衡価格より低い価格では市場均衡価格のときほど社会は幸せになれない。以上のことからなにがわかるかな。

市場均衡価格よりも価格が高いと，市場均衡価格のときより社会的余剰は少なくなる。市場均衡価格よりも価格が低いと，市場均衡価格のときより社会的余剰は少なくなる。ということは，<u>市場均衡価格のときに社会的余剰は最大になる。</u>

市場均衡ってエラい！

その通り。うまくまとめてくれたね。市場均衡価格のとき，社会の幸せが最大になるんだ。言い換えれば，市場均衡価格のときに資源は最適に配分され，資源の無駄が存在しないということだ。

社会全体が幸せになろうと思えば，商品の価格は完全競争市場の価格になればいいわけですね。

そう。そして完全競争市場均衡価格は「見えざる手」で完全競争市場が自動的に導いてくれるから，完全競争市場の条件さえ整えてやれば，あとはよけいな手を加えなくても自然と社会全体の幸せが大きくなる。

便利なメカニズムですね。

ところで，ぽっぽーやホッホーは「独占禁止法」とか「公正取引委員会」という言葉を聞いたことがあるかい？

あります！　ボクだってニュースくらい見ます。よく大企業が合併するときに独占禁止法に違反するとかどうとか。それから企業が談合したから公正取引委員会がどうとかこうとか……。

「どうとかこうとか」じゃわかんないよ。

こんな難しい言葉，知っているだけエラいもんね。エヘン。

さすがはぽっぽーだね。これまで勉強してきたことからわかるように，完全競争市場で実現された価格は社会全体の幸せを

大きくする。そして前にも述べたように，完全競争市場の条件を守れれば完全競争市場になるわけだから，完全競争市場の条件を崩そうとする行為は社会全体の幸せを損なう行為ということになる。とても簡単に言えば，完全競争市場の条件を崩すことを禁止する法律が独占禁止法で，この独占禁止法に基づいて市場の番人となっているのが公正取引委員会というわけだ。

なんか，公正取引委員会ってかっこいいな。

実際，企業にとって公正取引委員会はなかなか手強い相手だよ。さっきぽっぽーが言っていた談合のなかには，本来，市場での公正な競争で決まるべき価格とは別のところで価格を決める場合があり，違法行為となる。これは価格カルテルと呼ばれる。このようにカルテルでは，市場にいる少数の企業が生産量や価格を話し合って決めて，あたかも独占企業のように振る舞うから，完全競争市場の条件「(2) 多数の生産者・消費者の存在」を破る。インサイダー取引は特定の当事者のみが情報を独り占めすることだから，完全競争市場の条件「(3) 情報の完全性」を破る。市場に入りたい企業を邪魔したり，入ってこさせないようにする行為は，完全競争市場の条件「(4) 参入・退出の自由」を破る。公正取引委員会は公正な市場環境を確保するために，独占禁止法をもとに，市場を見張っているんだよ。

そうなんですね。そんな大事な法律だから，小社からもたくさん独占禁止法関係の本が出ているわけですね。

おかげでボクたちもなんとか食べていけるわけだね。

 世間では，**規制緩和**とか**市場の自由化**とか言われることが多いよね。かなり前だと，いまはJRグループとなった国鉄の民営化や，NTTグループとなった電電公社の民営化，少し前だと，航空の規制緩和による格安航空会社LCCの登場や電力自由化なんかが例になるね。これらは市場メカニズムの考え方の導入と言っていい。それは以上のように，市場メカニズムが社会全体の幸せを最大にすることがミクロ経済学で証明されているからなんだ。市場メカニズムを導入することで社会全体の幸せを大きくしようとすることが，規制緩和や市場の自由化の基本的な精神なんだよね。

市場メカニズムで本当に幸せは大きくなるのかな？

 でも先生，1つ疑問があります。

 なんですか。

 確かに完全競争市場均衡価格では社会的余剰が最大になっていて資源が最適に配分されていることはわかりますし，市場メカニズムによって市場均衡価格が実現できることもわかります。でも，だからといって市場メカニズムが最も望ましい資源配分方法とはいえないんじゃないですか。たとえば，最初にあった行列や抽選なんかの配分方法と比較していないのだから，市場

メカニズムが一番いいとは言えないじゃないですか。

そういえば，最初のほうでそんな話があったのに，そのこと
は全然これまで出てきていないよね。

ウッ……。

あれ，先生の顔色が変わったよ。先生，大丈夫ですか。もし
かしてわかんないんじゃないの？

あ，いや。君たちは疲れているんじゃないかと思ったから，
そろそろここらで切り上げようかと……。

構いませんよ。面白いですから。

だってぽっぽー，さっきあくびしていたじゃないか。

あれは完全競争市場の条件のところがわかりにくかっただけ。
いまは面白くてワクワクしているよ。先生，なんか変だな。

正直言って，みんなそこまで突っ込むとは思わなかったんだ
よ。もう切り上げる潮時かと思っていたからドギマギしただけ。

本当かなー。

本当さ。みんなが本当にワクワクして聞いてくれるのなら，
いくらでも付き合うよ。夜中まででもね。

それじゃ，いくらなんでもキャンパスから不審者だって追い
出されてしまいますよ。

では気を取り直して，ホッホーの疑問について簡単な例を使
って考えてみることにしよう。これから比較する資源配分の方
法は，最初に行列，つまり先着順だ。その次に抽選，そして最

後に支払意思つまり市場メカニズムだ。

🧑‍🎓 待ってました！

🧑 どんな商品を取り上げてもいいんだけれど，う～ん，どんな例にしようかなぁ。ウチの学園祭マスコットのキャラクター・グッズが 10 個あったと……，いやこれじゃ身内をヨイショしすぎかなぁ。じゃネズミーマウスのキャラクター・グッズが 10 個，いや，これじゃ著作権がややこしいしなぁ。

🧑‍🎓 先生，なにをゴチャゴチャ言っているんですか。キャラクター・グッズの例なら，目の前に立派なキャラクターがいるじゃないですか。

🧑 あ，そうだ。「ろけっとぽっぽー」のマスコット人形があったよね。それじゃ「ろけっとぽっぽー」のキャラクター・グッズが 10 個あるとしよう。そしてそれを手に入れたい人が 20 人いたとする。

🧑‍🎓 先生，やっと気づいてくれましたか。「ろけっとぽっぽー」のマスコット人形は発売と同時に売り切れたんですよ。ボクって人気者なんだから。

🧑 実は私も持っているんだよ。私の書斎にぶら下げている。

🧑‍🎓 ありがとうございます！

🧑 ま，それはさておき，グッズが 10 個で希望者は 20 人だ。お一人様 1 個限定商品として，「ろけっとぽっぽー」のグッズを渡せても，それは 10 人まででなくなってしまって，希望者全

132

員に渡すことはできない。10個足りないからね。だから，な
んらかの方法を使って，20人のうち，10人を選ばなくてはな
らない。

 まさに資源配分の問題で，しかもかなりシビアな情勢ですね。

いま，この20人がこの「ろけっとぽっぽー」のグッズ1個
に対して抱いている価値，つまりそれぞれの人の効用が以下の
ような数値で表されているとしよう。つまり，

1, 3, 4, 4, 5, 6, 8, 8, 8, 9, 11, 13, 14, 15, 16, 16, 17, 18, 18, 20
という20個の数値だ。

 ボクのグッズの価値がたったの1とか3なんて許せないな。

これらの数値は単なる思いつきで考えているよ。それから，
グッズを作るには費用がかかるけれど，どの配分の方法でもグ
ッズ10個の生産に必要な総費用は同じだから，これをゼロと
考えておいても結論は変わらないことに注意しよう。では，ま
ずは先着順。

行列で商品を分けてみよう

先着順ということは早い者勝ちだね。

そう，先頭から順に行列に並んだ人へグッズを配分する方法
だ。この場合，先着10名様ということになる。容易に想像で
きるように，このグッズに高い価値を認める人ほど早くから並
ぶだろうね。図Ⅶ-4では到着した人の順番にしたがって横軸

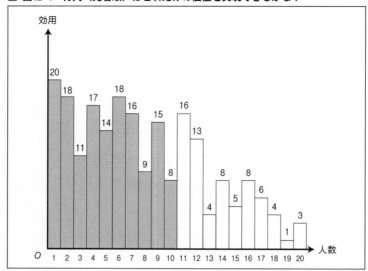

の左から右へ並べてある。最初に来た人が一番左の棒グラフと

いうわけだ。

　人気商品の売り出しのときに，テレビのインタビューなんか

で「昨夜から並んでいます」なんて言っている先頭の人がいる

けど，よっぽど欲しいんでしょうね。

　そう。行列する人は，行列で自分の大事な時間を失う以上に

その商品に価値があると思うから並ぶわけで，だから高い価値

を認める人は長い間並ぶ，つまり高い価値を認めている人ほど

行列の先頭のほうにいるわけだ。こうして行列に並ぶことでそ

の人はなにもできなくなるから，その人が行列に並んだことで

失う価値のことを経済学では「**機会費用**」と呼ぶ。この機会費

用については，私が書いた『あなたの人生は選ばなかったことで決まる――不選択の経済学』を読んでね。

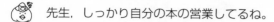 先生，しっかり自分の本の営業してるね。

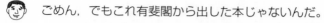 ごめん，でもこれ有斐閣から出した本じゃないんだ。

 先生，真面目なんだか不真面目なんだかわからないですね。

 いやあ。しかし，必ずしも高い価値を認める人からきっちりと行列ができているわけではないことは，ぽっぽーもホッホーもわかるでしょう。いろいろ事情があって早く並べないことはよくあるよね。たとえば，図Ⅶ-4 の 11 番目にやってきた価値 16 の人はたまたま電車が遅れて 11 番目になったのかもしれないし，価値 13 の人は寝坊してしまって 12 番目に到着することになったのかもしれない。こんなことはよくあるよね。

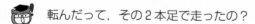 あるある。どうしても欲しいものがあって，急いで走ったのだけれど，途中で転んで遅れて着いたものだから，「行列最後尾」の看板を持ったお姉さんから「ここまでです」と言われて追い返されたことがあるもん。

 転んだって，その 2 本足で走ったの？

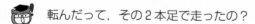 うん……。

 それはお気の毒。だから図Ⅶ-4 のような状況になることはあるだろう。全体を見ると確かに価値のある人ほど左側から順に並んでいる傾向はあるけれど，必ずしも価値の順番通りになっているわけではないよね。先頭から 10 番目までグッズを渡

すことができたとして，このときに社会が実現できる価値の合
計はいくらだろう。

🎓　ちょっと待ってくださいね。えーと，

$$20+18+11+17+14+18+16+9+15+8＝146$$

だから，146 です！

抽選で商品を分けてみよう

🙂　そうなるよね。この 146 という数字をよく覚えておいてほし
い。次は抽選だ。たとえば，1 から 20 まで書かれた札を用意
して，それを 20 人に引いてもらい，1 番から 10 番までを当た
りとしてグッズをゲットというわけだ。この場合はどうかな。

🐤　これは運しだいだね。それぞれの人がグッズに対して持って
いる価値なんか関係なしに，運命の神様が当選者を決めるんだ
もんね。

🙂　その通り。その人の持っている価値に関係なく当選が決まる。
いまそれが図Ⅶ-5 のようになったとしよう。すると社会が実
現できる価値の合計はいくらだろう。

🐤　ホッホー君，君のほうが計算は得意だから，またやってくれ
たまえ。

🎓　また調子に乗っちゃって。さーて，この場合は，

$$9+15+20+8+4+17+11+3+16+4＝107$$

だから，107 ですね。

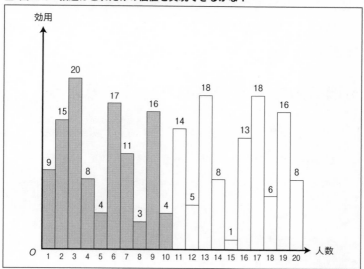

　　そうだね。これは運だから，たまたま社会の実現できる価値
が最大になる場合も可能性としてはゼロじゃないけれども，そ
んなことはまずないだろうね。

　　今回は価値が 20 の人も当選したけど，もし外れたとしたら
高い価値を持っている人はかなり悔しいだろうね。価値が 18
の人なんか同情しちゃうな。ボクも好きなアイドルを思う気持
ちは誰にも負けないくらい強いのに，ライブ・チケットの抽選
に外れたときは本当に悔しかったよ。社会の価値が最大になっ
ていないよね！

　　まあまあ，そんなに熱くならないで。

　　思い出したら，つい興奮しちゃって。

以上のことから，抽選というのは社会が実現できる価値を最大にしない，つまり資源を無駄なく配分することが難しい方法だといえるね。確かに与えられた機会は公平ではあるけれど。

市場メカニズムで商品を分けてみよう

最後に支払意思だ。この場合は先に挙げた数値を金額と考えてもいいよ。つまりグッズに対して数字の数だけお金を手放してもいいと思っているくらいの価値が支払意思というわけだ。

ろけっとぽっぽーのグッズの価値が1円から20円なんて，ちょっと低すぎませんか。一時期は売り切れたんですよ。

そうだね，ちょっと非現実的だから100円単位にしようか。1なら100円で，20なら2000円だ。

いやいや，1万円単位でしょう。

ぽっぽー，しょってるねぇ。

おっ，その表現，昭和だねー。好きだよ。

どういう意味だっけ？

うぬぼれてるねぇ，っていう意味。

まあ，100円単位でも1万円単位でもなんでもいいよ。ここでも1から20までの数値で「ろけっとぽっぽー」のグッズの価値が表されているよ。図Ⅶ-6では横軸の左から右に向かってグッズに認める価値の高い順に棒グラフを並べてある。左から10番目までの人にグッズを渡すには10の価格をつければい

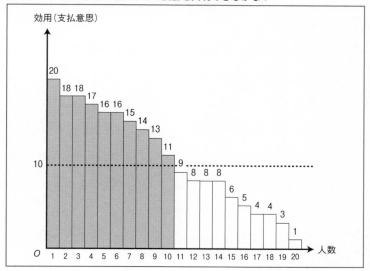

いことがわかるね。図では水平に点線を引いてある。

　この点線よりも棒グラフが上にはみ出ている人がグッズを買って，点線より下の棒グラフの人は買わないってわけだね。

　そう。つまり，10 の価格を支払っても惜しくないほど高い価値を認めている人はそのグッズを手に入れて，10 の価格を支払うほどの価値を認めない人はこのグッズを手に入れない，つまり手に入れるだけの価値がないということになる。さて，そうなると社会全体で実現される価値はどうなるかな。

　ホッホーさんの出番だよ。

　はいはい。そうなると，

　　　20＋18＋18＋17＋16＋16＋15＋14＋13＋11＝158

だから，158 ですね。

　これまでで最高の数値だね。

　これまでのことからわかることは，市場メカニズムを使って実現できる社会の価値が最も大きいということだ。だから，行列や抽選に比べて市場メカニズムは優れた資源配分の方法だということになる。それに加えて，行列の場合は並んでいる間の時間，さっき機会費用と言ったよね。行列だと，この機会費用はただ浪費されてしまうだけだけれど，市場メカニズムでは行列がないから，機会費用は発生しない。

　なるほど。行列の価値の 146 と支払意思の 158 の差はあまりないな，と思っていたのですが，そこでさらに大きな差がつくというわけですね。

やっぱり市場メカニズムはエラい！

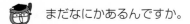　でも，市場メカニズムのすごいところは，これだけじゃないんだよ。

　まだなにかあるんですか。

　気がつかないかい？　20 人の希望者のうち 10 人に合計 10 個のグッズを配分するって勝手に決めたけど，10 個っていう数字は社会的に見て望ましい数値だろうか。10 個って誰が決めたんだろう。

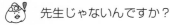　先生じゃないんですか？

でも，先生は神様じゃないから，10 個というグッズの量を生産することがいいことかどうかはわからないよね。

そう。もしかしたら 8 個が最適かもしれないし，50 個が最適かもしれない。その数は行列も抽選も決められない。でも，市場メカニズムでは市場均衡点で自動的に一番望ましいグッズの生産量が決まるんだ。

確かに「見えざる手」というのはすごいな。

まだあるよ。さっき，私は 10 という価格をつければ支払意思にしたがって 10 人にグッズを配分できると言ったよね。でもどうして 10 の価格をつけたらいいってわかったんだろう？

そりゃ，先生が図Ⅶ-6 を見て決めたんでしょう。

でも現実の状況で，私が全員の支払意思を知っていて，図Ⅶ-6 のように丁寧にみんなを支払意思の順に並べることができると思うかい？

あ，それじゃ先生がインチキしているんですね。

そりゃ，言いすぎだよ。

インチキはひどいけれど，10 という価格は誰も決めることができない。私はホッホーが言うように神様じゃないからね。市場メカニズムはこれまで勉強してきた通り，「見えざる手」によって価格が上や下に向かう力が働いて，自動的に 10 という一番望ましい価格が決まる。これもすごくないかい？

市場メカニズムは自動的に最適な生産量を決め，最適な価格

を決め，そしてそのとき社会全体が実現できる価値を最大にする。オールマイティみたいですね。

わー，平和の象徴もこれにはかなわないな。

多くの経済学者たちが市場メカニズムを信頼し，市場メカニズムの活用を提案するのはこんなところにあるんだよ。わかってくれたかな。

よくわかりました。市場メカニズムって，なんかすごい。

なんとかして市場メカニズムに勝ちたいけれど，ムリみたいだな。でも先生，なんか最初はドギマギしていたけれど，しっかり説明してくれたじゃないですか。

ゴメン。本当のところは単にお話するのを忘れていて，アタフタしちゃったんだよ。

ごまかしちゃって，困るなー。今後気をつけなさい。

また上から目線！

そろそろ大詰めになるけれども，その前に休憩しようか。ここにケーキが2つある。欲しいのはぽっぽーとホッホーと私の3人だ。どうやって配分する？ やっぱり支払意思かな。

いや，ここは力ずくでしょう。

ぽっぽー，なにもわかっちゃいないな。

ハハハ，冗談だよ。ケーキは3つある。仲良くいただこう。

CHAPTER VIII

市場メカニズムって万能なの？

完全競争市場は存在するの？

 しかし先生，ずっと前から気になっていることがあります。
これまで完全競争市場の望ましさを勉強してきました。そして
市場メカニズム，つまり完全競争市場で決まる価格が資源を最
適に配分し，社会全体の幸せを最大にすることもわかりました。
でも，完全競争市場というのはこの世に存在するんでしょうか。
例の4つの条件はとても厳しすぎて，現実にはそんな市場はな
いんじゃないかっていう気がします。

 うーん，そうだねぇ。

そうだ，思い出した！ ここで勉強する前に，理工学系の書籍も多く出版している S 社でボクと同じような仕事しているウマくんと話をしたんだよ。

あ，あのときだね。なんか話し込んでいたよね。

そうしたら，彼なんと言ったと思う？ 「ウチで扱っている工学や理学は地に足のついた学問だ。リンゴが木から落ちるということ，水素と酸素が結合すれば水ができるということは厳然たる事実で，そうした事実に基づいた研究から有益な発見や発明が行われて人類社会に貢献している。しかし，これからぽっぽーが学ぼうとしている経済学では完全競争市場が想定されているそうだけど，そんなものがこの世にあるのかい？ 完全競争市場をありがたがって，完全競争市場に基づいてもっともらしいことをあれこれ言っているようだけれど，現実に存在しないものについて勉強してなんの役に立つんだろう。経済学って机上の空論で，意味がないんじゃないの？」って言われたんだ。そのときボクはまだミクロ経済学のことを知らなかったから「ふーん，そんなもんなのかなぁ」なんて曖昧な返事しかできなかったんだけど，本当のところ，どうなんですか，先生。完全競争市場がこの世になければ，そんなありもしないものを考えてなんの役に立つっていうんですか。

結論から言います。完全競争市場はこの世にはありません。

えーっ？

そんなー，じゃあ，これまで一体ボクたちはなにをやってき
たの？　いままでのことは一体なんだったんだー。

「完全競争市場は存在しない。経済学者はありもしない完全
競争市場をありがたがって，なんだかんだと理屈っぽいゴタク
を並べ立てているだけで，現実にはミクロ経済学は役に立たな
い」なんて，もし私が言ったら，きっとぽっぽーもホッホーも
怒り狂うだろうね。とくにホッホーなんて肉食だから，食べら
れちゃうかもね。

先生はまずそうです。

悪いけれど，本当に完全競争市場はないんだ。確かに株式市
場や外国為替市場のように完全競争市場に近い市場はあるけれ
ども，理論が教えるような完璧な完全競争市場は存在しない。

ウー，先生に豆鉄砲食らわせたくなってきたぞ。

先生，よくもまあそんな，アッケラカンと。

じゃあ，ボクは彼に言われっぱなしでなにも言い返すことが
できないの。そんなの悔しすぎるよー。これまでこんなに先生
について勉強してきたのにー。

そうですよ，先生，それはひどすぎます。そんな机上の空論
にしかすぎない学問を大学生に教えて，授業料を取って，それ
でご飯食べているんですか。恥ずかしくないんですか！

おいおい，なんだかひどい言われようだね。でも，これは経
済学を考える上でとても大切なことなんだ。冷静に考えてみよ

うじゃないか。ぽっぽー，ウマくんに言い返せないと言ったけれど，本当に言い返せないのだろうか。物理学や化学は，経済学とは違って現実に基づいて理論が組み立てられているだろうか，よーく考えてごらん。

だって，彼が言ったように，確かにリンゴは木から落ちますし，化学反応は現実にあります。やっぱり経済学とは違います。

じゃあ，次のような例はどうだろうか。高校の物理の教科書で出てくる「摩擦のない世界」は現実にあるのかな。化学の教科書に出てくる「理想気体」はこの世に存在するのかな。現代の物理学や化学は，摩擦のない世界や理想気体の存在を前提として理論が組み立てられているんじゃないのかな。

ウーン……。

そうか！「完全競争市場」というのは物理学でいう「摩擦のない世界」で，化学でいう「理想気体」なんですね。

そういうこと。物理学だって化学だって，理論上はありうるが現実にはありえない状態を基本として，そこから出発して有益な発見や発明を生み出している。経済学も同じなんだ。完全競争市場という理論上の存在を基礎とするからこそ，いろいろな役に立つ考え方を導き出すことができるんだよ。

そうか。彼には「じゃ，『摩擦のない世界』は実際に地球上に存在するのかい？」って言い返したらいいんだね。

別にケンカ腰にならなくてもいいけど。「科学とはなにか」

というと諸説あるけれども，科学というものは基本的にそういう一面も持っているね。事実，経済学は物理学からその考え方を学んでいる点もあるしね。

先生，よかったです。先ほどは言いすぎました。これまでミクロ経済学を勉強してきた意味がわかってきたようです。危うく，先生のまずい肉を食べるところでした。

え，やっぱり食べるつもりだったの？

〔豆鉄砲をこっそり片付け始めるぽっぽー〕

そうなったらもう，市場メカニズムは怖いものがないですね。市場メカニズムに任せていれば，社会全体の幸せが最大になるんですから。

そうだよね。どんなときも市場メカニズムを使えば大丈夫。いざというときは「この紋所が目に入らぬかー」と市場メカニズムを取り出せば，みんな「へへぇー」って降参しちゃうよね。

幸せは誰のところに行くのだろうか

確かにミクロ経済学は市場メカニズムの優れたところを明らかにしてくれたし，多くの経済学者は市場メカニズムを活用することをお勧めする。でもね，市場メカニズムってぽっぽーやホッホーが思っているほど，そんなに万能じゃないんだよ。

そうですか？　これまでの話を聞いていると，いいことばかりのような気がするのですが。

そうだよ。こんなにいいものがあるんだから，どんどん使わなくっちゃ。

でもよく考えてみよう。確かに市場メカニズムは社会全体の幸せを最大にする。でも，これまで私たちはその幸せが社会の誰に発生しているのかということについて考えてきただろうか。

うーん，考えてこなかったような……。

……そうですね。そのことは考えていませんでした。

こりゃ悪代官から「ぬかったな，市場メカニズムめ。ものども，斬って捨てぃ！」と反逆されそうだ。思わぬところを忘れていたね。落とし穴にはまった気分になっちゃった。

そうだろう？　たとえ社会全体の幸せが最大になっていたとしても，それが社会の特定の人にだけ集中していて，他の人にその幸せが行き渡らなかったとしたら，その社会は望ましい社会だろうか。

確かにこれまでよりも社会全体の幸せが大きくなったとしても，それが恵まれた人ばかりに流れてよりいっそう幸せになり，恵まれていない人にほとんど流れていかなかったら，必ずしもそれはいい社会だとは言いにくいですね。

あっ，それって格差社会でしょ。

格差社会という言葉はしばしば感情的に論じられることが多いので，少なくとも経済学の世界では用いられない。実際，どこからを格差社会というのか科学的に定義づけることは難しい

からね。経済学ではそれを公平，衡平，公正などという観点から眺めるのだけれど，まあ，ここでは格差と言ってもいいことにしよう。そしてよくわからないけれど，格差社会というものがあるとしよう。

🎓　それで，市場メカニズムは格差社会というか公正の問題をどう解決してくれるのですか。

😊　残念ながら，市場メカニズム自体は公正の問題を直接解決する機能を持っていない。

😖　そうなのかー，ガッカリだなー。

😊　さっき言ったように，格差とか公正とかいうものは科学的・論理的に定義できないんだよね。感情が支配することの多い基準なんだ。これを「**価値判断**」と呼ぶ。たとえば，「公正な社会とはなにか，定義せよ」と言われたら，おそらくぽっぽーもホッホーも私もそれぞれが持っているバラバラな価値観から定義することになると思うよ。そして，そうした価値判断に基づいた各個人の公正の判断を論理的に説明したり，論破したりすることはできない。

😖　ボクにとっての公正な社会は，「自分だけが幸せで，それ以外はどうでもいい社会」だよ……なんちゃって。冗談だけど。

😊　しかしその冗談のような定義でも，そんな価値判断をしている独裁者がいれば，誰もその独裁者を科学的・論理的に論破できない。

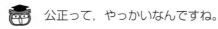

公正って，やっかいなんですね。

科学に価値判断を持ち込んではいけないというのは，いろいろある科学の定義のうちでも代表的なものだ。そんな，やっかいなものだから，ミクロ経済学もその扱いに手を焼いている。

手を焼いている，って言うけれど，ボクは「市場メカニズムが格差社会をもたらした」っていう主張を聞いたことがあるよ。

格差社会に明確な定義がないので，これも扱いにくい主張なんだけれど，少なくともこの主張では，市場メカニズムが原因で格差社会が結果という主張になっているね。でも，それはちょっと違うんじゃないかと思うんだ。

どうしてですか。

市場メカニズムが原因ということではなくて，あえて言うなら幸せの分配状態は市場メカニズムの外側で決められていることで，市場メカニズム自体はそれに対してほとんどなにもできない，と言ったほうが正しいんじゃないだろうか。つまり端的に言うと，公正の問題は市場メカニズムが扱う問題とは別個の問題として存在すると言ったほうがいいと思う。

なんだ，じゃ，やっぱり市場メカニズムでは社会はよくならないんだね。

いや，それは違う。**厚生経済学の基本定理**というちょっとややこしい理論があるのだけれど，それによると，格差が生じないように各個人に適切に所得を分配してやると，市場メカニズ

ムはその状態の下で最適な資源配分を達成できることが証明されている。だから，相続税や累進課税などを利用して人々の間での分配状態を適切にしてやると，市場メカニズムは資源配分上望ましい社会を作り出すのに有効に機能するということだ。

でもやっぱり，格差問題自体は市場メカニズムで根本的には解決できないんですね。

残念ながら，そこが市場メカニズムの限界なんだよ。万能じゃないんだよね。それと，もう1つ市場メカニズムというか完全競争市場の理論には限界がある。

市場が失敗しちゃう

え，まだあるの。せっかく，すばらしい理論だと思ったのに。

いや，万能じゃないということを言いたいだけだから，あまり過度に心配しないでね。むしろ市場メカニズムを万能だと思い込んで，過信というか盲信することの危険性を言いたいだけだから。えーと，なんだったっけ。そうそう，これまで，完全競争市場の条件がそろうと，「見えざる手」が働いて社会全体の幸せが最大になるって言ったよね。

そうですね。世の中で完全競争市場が機能するようにすると，幸せが大きくなると。

社会的余剰が最大になるんだよね。

ところが世の中は広いからね。この世にはいろんなものがあ

るから，なんでもかんでも完全競争市場が実現できるというわけにはいかないことがある。

🎓　どんなときなんでしょうね。

😊　これまで勉強してきたのは，消費者が効用を最大にするためには価格と限界効用を等しくするように消費量を決め，生産者が利潤を最大にするためには価格と限界費用を等しくするように生産量を決める，そうだったよね。

😊　そうだよ。

😊　いま，次のような状況を想像してみよう。ぽっぽーの経営しているパン工場の隣でホッホーが焼肉店を始めたとする。

😊　出たなー。商売がたき！

🎓　ちょっと言ってることがわかんないんですけど。

😊　本当にこんなことがあるのかどうかわからないけれど，パン工場のなかに焼肉店の匂いが入り込んできて，パンにその匂いが染みついてしまうとしよう。

😊　わぁ，これは迷惑だね。ボクの作っているパンは高級食パンだよ。「焼き肉パン」なんか作っているんじゃないからね。商品が台無しだよ。

🎓　確かに，匂いを締め出そうとするのなら，そのために換気装置や壁やらを作るのに費用をかけなくちゃならなくなるから，ぽっぽーの責任じゃないのに自分の費用曲線が変わっちゃいますよね。

そんな人ごとみたいなことを言って。困ったもんだ。

本当に焼肉店を経営するわけじゃないよ。

そう。こうして自分自身の限界効用曲線や限界費用曲線に対して，自分ではどうしようもない外部からの影響が及ぶ場合，これを「**外部効果**」と言う。この外部効果があると，完全競争市場で実現できる市場均衡点が実は最適な点でなくなることが知られているんだ。これを「**市場の失敗**」と呼ぶ。

これと似たようなことなら，どこにでもあるよね。

そう。いわゆる環境問題がその代表的なものだ。地球温暖化のような大きなものから，ご近所のゴミ出し問題まで，いろんな外部効果がある。もっとも，悪い外部効果ばかりじゃなくて，いい外部効果もあるけどね。たとえば，ぽっぽーが果樹園を経営していて隣にホッホーの養蜂業者がいる場合なんかだ。

そうか，なんの費用もかけなくてもお互いに花粉と蜂蜜を得られるわけだから，他人から負担なしで恩恵を受けちゃっていますね。

その通り。でも，そんないい外部効果でも，やっぱり完全競争市場は最適な資源配分を実現するのに失敗する。

環境問題を解決できないなんて，市場メカニズムも大したことないな。

そこまで見くびっちゃいけないよ。確かにこんな場合は市場メカニズムがいいからといって，完全競争市場の条件を揃える

だけでそのまま放置しておくと市場は失敗してしまう。でも,
市場メカニズムを応用することで,ミクロ経済学は解決策も提
案できるんだ。

どうすればいいんですか。

聞いたことがあると思うけれど,**環境税**がその代表的な政策
だし,二酸化炭素の**排出量取引**という政策もミクロ経済学はお
薦めする。これらはいずれも市場メカニズムを理論的根拠とし
た政策提案で,ぽっぽーとホッホーが勉強してきたことにちょ
っと応用を加えると,これで社会全体の幸せが最大になること
が示せるんだよ。

じゃあ,市場メカニズムは使えるんじゃない。

そういうことになるね。こうした手法は「**インセンティブ手
法**」とも呼ばれているよ。「インセンティブ」というのは,自
発的になにかをしたいと思う気持ちのことだ。環境規制のよう
に外部から強制されるのではなくて,こうした自発的な気持ち
を刺激することで環境問題を解決しようとするわけだね。その
他にもう1つ,市場メカニズムがうまく働かなくて市場が失敗
するケースを紹介しよう。消費者は価格と自分の限界効用が等
しくなるまで商品を購入するんだったよね。

その通りです。

そうそう。もうすっかり頭に入っているよ。

じゃあ,これを逆に考えて,自分の限界効用と等しくなるま

で買えないものはなんだろう。

なぞなぞみたいだな。「自分が欲しいだけ買えないモノな〜んだ」ってね。

そんなモノあるんですかね。限界効用と等しくなるまで買えばいいじゃないですか。

じゃあ聞くよ。たとえば自分の身の安全を守るために，ホッホーは警察官を何人採用したい？

そりゃ，自分の身を守ってくれるというのだから支払意思はありますし，限界効用曲線だって描こうと思えば描けるでしょうが，おまわりさんはなにも自分だけを守ってくれるわけじゃなくて，他の人も守られることになるし……。

あー，ホッホーさんの考えていることを一緒に考えてたけど，わけがわかんなくなってきたよー。

そう。警察官が生産してくれる防犯や治安の維持というサービスは，他の人も一緒に消費してしまうし，仮に自分の欲しいだけ警察官を採用できたとしても，そのサービスを同時に消費する他の人を，お金を払っていないからといって排除することはできない。こうしたサービスに市場メカニズムを適用できると思うかい？

そうですね。そもそも価格と限界効用を等しくするように行動するといった，これまでの前提がまったく崩れていますね。

こうしたサービスでは市場メカニズムが適用できなくて，無

理に適用すると市場が失敗する。こうしたサービスのことを「**公共財**」といって，他に国防，消防サービスなどがある。

そういえば，警察料金なんて聞いたことないな。

こうしたサービスには市場メカニズムを適用できないから，国や自治体が提供しているんだ。

なるほど，それで警察官や自衛官，消防士は公務員なんですね！　こんなありふれた日常がミクロ経済学を使って理論的に明らかにできるなんて，快感だなー。

市場メカニズムをうまく使おう

他にも市場が失敗してしまう例はあるけれど，そろそろ時間も来ているし，このくらいにしておこう。とにかく市場メカニズムはうまく使うといろいろなところで私たちの幸せを大きくしてくれるけれども，決して万能じゃない。市場メカニズムをいかにうまく活用するかというところが大事になるよね。さて，ここまで勉強してきて，ぽっぽーとホッホーはどうだったかな？

ボクは経済学というとお金のことを勉強するのかと思ったけれど，そうじゃなくて，どうやったら社会全体の幸せを大きくできるのかということを学べる学問だとわかったところが意外だったかな。資源配分の仕方って面白い。お金儲けを学べなかったのは残念だけど。

市場メカニズムというものの本当の姿がわかったのが面白かったです。それに当たり前だと考えていたことが，実は理論的にしっかりとした背景があるということが明らかにされるのは愉<ruby>快<rt>ゆかい</rt></ruby>でした。

　　ミクロ経済学は，完全競争市場に代表される市場メカニズムだけを扱うものじゃないんだよ。いま述べた社会的余剰の最大化（効率）と公正の関係とか，市場の失敗とか，独占や寡占とかから始まって，具体的な問題を解き明かして政策提案する応用経済学にまでつながっていくんだよ。事実，私の専門はミクロ経済学を主に使って交通問題を分析する交通経済学だしね。

　　先生，じゃあ，今度は交通問題をミクロ経済学で解き明かしてよ。

　　それならまず，有斐閣から出ている『交通経済学入門（新版）』を買って読んでね。

　　あ，先生また自分の本の宣伝してるー。

　　ハハハ。

　　それじゃぽっぽー，そろそろ研究室を失礼することにしようか。

　　あーあ，このきれいなキャンパスともお別れかー。

　　先生，さようなら。

　　また遊びに来るね。

　　さようなら。気をつけて帰ってね。

あとがき

　有斐閣の本やサイトなどあちこちで，ろけっとぽっぽー（ぽっぽーさん）とホッホー博士（ホッホーさん）が登場し，なにくれとなく初学者に世話を焼いてくれ，彼らにお世話になった読者の方々も多いことだろう。しかし，ぽっぽーさんとホッホーさんが自らの向学心から行動するという光景はこれまで見たことがなかったのではないだろうか。ぽっぽーさんとホッホーさんは法律関係での登場が多く，筆者はかねてより経済学の分野でも彼らに活躍してもらいたいと願っていたところ，彼らも経済学を是非勉強したい（それにお仕事休めるし！）ということだったので，今回登場してもらうことになったのである。幸いぽっぽーさんもホッホーさんも勉強熱心で，私の期待に十分に応えてくれた。

　経済学の本といえば，まさにぽっぽーさんとホッホーさんの会話のなかにある通り，謎めいた数式や図がてんこ盛りである。見るからに難しそうで，そんなところが経済学が敬遠されてしまう理由なのだろう。だから，できれば図も表も使いたくなかったし，使わなければ「図も表もなくて簡単な」という宣伝文句もつけられるので，ぽっぽーさんやホッホーさんの応援がなくても飛ぶように本が売れたかもしれない。しかし，1000 字の文字を書き連ねるよりも，それが 1 つのグラフで説明できてしまうところに図や表のすごさがある。そのようなわけで最低限の図や表は使わせていただいた。そのほうがかえってわかりやすいからである。

　とはいえ，経済学は難しいというイメージは洋の東西を問わないようである。若干，脱線めいてしまって恐縮だが，私の経験談がある。イギリス留学時代，就学ビザを更新するために，私はいったんイギリスを出て再入国した。美しいブロンドのお姉さまが入国審査

の係官で，私が彼女に対して証明書などを出しつつなんだかんだと説明をしている最中に，そのお姉さまから大学院でオマエはどんな勉強をしているのか，とご下問があった。それで，経済学だと答えると，彼女は口をへの字に曲げて，「よくもまあ，あんなモノを専門にしてるわね」というようなことを言った。就学ビザを欲しい一心の私は，ヘラヘラとお追従笑いを浮かべながら（時代劇に出てくる遊び人風に），

「そうなんでサァ，姐さん。経済学なんていうシロモノを専門にするヤツの気が知れませんぜ。ヘッヘッヘッ」

などとご機嫌をとり，まんまと就学ビザをせしめたのである。私はこのとき初めて，経済学の本場でも経済学が難しげな学問だと思われていることを知った。

しかし，世の中の仕組みの半分以上は理屈ででき上がっている（とくに社会のルールはそうである）。それを解明するためには理屈で対応するしかなく，その有力な武器が経済学なのである。本書を読まれたみなさんは，その世の中の仕組みの一端を解明できたのではないだろうか（できたと信じたい）。もちろん経済学だけですべての世の中の仕組みを解明することはできないが，それでも不思議な社会現象は経済学で結構説明がつく。本書を読んでもっと社会の諸現象を解明したいと思った方には，是非ミクロ経済学の入門書を開いてもらいたいものである。そして，できれば本書の姉妹編である『ミクロ経済学って大体こんな感じです』を手に取っていただきたい。これは本書よりもミクロ経済学を広く深く展開した入門書であり，本文中にあった「それぞれの消費者の幸せを比べられるのか」や「なぜ供給曲線は限界費用曲線の一部にしか当てはまらないのか」といったことなどが述べられている（また自分の本の宣伝をしてしまった）。

本書では大幅な理論の簡略化を行ったり，不正確な説明だけで終わらせたりしている点が多々ある。しかし，本書の目的を果たすためにそれらの点についてはあえて目をつぶった。正統派理論経済学者の方々からはその説明のいい加減さについてお叱りを受けるかもしれないので，これは言い訳である。

　本書の出版を前に，主に東京女子大学竹内ゼミナールの卒業生で研究職に就いている方々からいろいろなコメントをいただいた。金井郁さん（埼玉大学大学院人文社会科学研究科），澤部まどかさん（電力中央研究所），渡辺久里子さん（国立社会保障・人口問題研究所）は，竹内ゼミナール卒業後のそれぞれの専門分野を背景に，私が気づかなかった多くの問題点を指摘してくれた。また現役の竹内ゼミナールの学生である塩原日奈子さん（東京女子大学3年生），服部みなみさん（東京女子大学3年生）からは，原稿へのコメントはもちろん，「昭和」な私に対して現代の学生の感覚に基づいた貴重なアドバイスもいただいた。さらに私のゼミ生ではないが，竹内香南子さん（東京大学大学院生）には前作と同様に文章をチェックしてもらった。

　本書の原稿はすでに2年前には完成していたのであるが，諸般の事情から刊行が遅れることになった（前記の方々の肩書きはコメントをいただいた当時のものである）。そうした紆余曲折にもかかわらず，我慢強く本書の出版を支えていただいた有斐閣書籍編集第2部の柴田守氏，渡部一樹氏に深く感謝を申し上げたい。

　　2021年9月
　　　廃品回収車のスピーカーの音が聞こえる自宅の書斎にて

　　　　　　　　　　　　　　　　　　　　　竹内　健蔵

索　引

著者紹介

竹内　健蔵（たけうち・けんぞう）
東京女子大学現代教養学部国際社会学科経済学専攻教授
娘が1人，妻も1人

趣　味

　乗り物に乗ること（学生時代に当時の国鉄全線に乗車したことと，留学中にシベリア鉄道を使って一時帰国したことが自慢），サボりがちな筋トレ，ほとけさまを見ること（お寺巡りではガイド不要）。

学 生 時 代

　受験生時代の反動で学部4年間は旅行しまくりました。大学にもほとんど行かず，単位はギリギリで卒業。大学2年生のときにサークルで交通経済学のテキストを輪読したのが，いわば人生の転機。

お 仕 事

　大学では入門レベルや初級レベルのミクロ経済学は担当していません。多変数関数の制約条件付き極値問題や差分方程式など，数学ばかりの「中級ミクロ経済学」を担当しています。それでやさしいミクロ経済学の本を書きたくなったのかもしれませんね。そのほかに「経済数学」「公共経済学」「経済政策」などの科目を担当しています。

　ぽっぽーの言う通り，卒業論文の口述試験やゼミでの学生の発表にはどんどんツッコミを入れます。ですから，ゼミでは私のツッコミに負けないように学生たちは一致団結して切磋琢磨し合うので，自然とゼミ生たちの結束は固くなるようです。そのためゼミ生同士お互い仲がよく，卒業してからもずっと私と親しくしてくれていて，たまにみんなで飲んで騒ぐことを楽しみにしています。

　学外では政府や自治体の審議会などを通じて政策提言のお手伝いをしています。道路，自動車，鉄道，海運，航空，観光など，いろいろとやっています。

ろけっとぽっぽー&ホッホー博士と学ぶミクロ経済学入門
──「市場」って何だろう？
A Very Rough Introduction to Microeconomics:
What's the Market?

2021 年 12 月 20 日　初版第 1 刷発行

著　者	竹^{たけ}内^{うち}健^{けん}蔵^{ぞう}
発 行 者	江　草　貞　治
発 行 所	株式会社　有　斐　閣

郵便番号 101-0051
東京都千代田区神田神保町 2-17
http://www.yuhikaku.co.jp/

印刷・株式会社精興社／製本・牧製本印刷株式会社
© 2021, Kenzo Takeuchi.　Printed in Japan
落丁・乱丁本はお取替えいたします。
★定価はカバーに表示してあります。
ISBN 978-4-641-16590-8